なぜか部下が納得する!

リーダーのためのNLP心理学

菅谷 新吾

SB文庫

はじめに

私たちは「あの人の下で働いてみたい」とか「あの人の下では働きたくない。部下にはなりたくない」と話します。また、「あの人にはリーダーシップがある。あの人にはリーダーシップがない」とも話します。私たちはリーダーシップの有無をどのように判断しているのでしょうか？　もちろん、英語や数学のペーパーテストのように点数をつけることはできません。リーダーシップとは保有能力ではなく、発揮して初めて認識される対人影響力なのです。

本書では、リーダーシップの基本的な考え方をリーダーシップ理論より、リーダーシップ発揮の方法論をNLP（神経言語プログラミング）という心理学より解き明かします。そして、リーダーシップの考え方とその発揮の仕方の統合を図っています。したがって、これからリーダーを志す人はもちろん、リーダーとして経験豊富な経営幹部の方々のブラッシュアップにも活用していただけます。

さて、リーダーシップとは、〝特定の状況下での個人あるいは集団に与える潜在的影響力〟だと言われています。

「特定の状況下」というのは、たとえば、ある大会社の社長が、趣味で参加している〝山登りの会〟でも会社と同様にリーダーシップを発揮できるかというと、それは別問題です。会社という特定の状況下でリーダーシップを発揮できても、山登りの会では、また状況が異なるからです。

そして、「個人あるいは集団」というのは、1対1から1対多数にまでリーダーシップは発揮できるという意味です。ヒットラーの演説などを思い浮かべれば、イメージしやすいと思います。リーダー1人でも数万人という群集にリーダーシップを発揮することができます。

「潜在的影響力」というのは、リーダーシップは人々に認識されて初めて効果を発揮するという意味です。「これからリーダーシップを発揮するから、私の言うことを聞け」と叫んでみても、周りが認めなければリーダーシップを発揮できたとは言えません。

つまり、いくら頑張ってみても、周りの人々が認めなければ『リーダーシップのある人』とは言われないのです。リーダーシップとは、対人コミュニケーションの一部なのです。したがって、リーダーシップは持って生まれた能力ではなく、リーダーが習得するべきスキルなのです。話し方や行動をどのように変えれば人が動き、あなたを〝リーダーシップのある人〟と認識してくれるのか、その秘密がこの本にあります。

あなたの言動を少し変えただけで、人々の動きが変わります。

それでは、早速、『リーダーシップのある人』と認めさせる具体的なスキルを学んでいきましょう。

菅谷　新吾

なぜか部下が納得する！　リーダーのためのNLP心理学◆目次

第3章 リーダーシップの源泉 79

第7章 評価の上手いリーダー、下手なリーダー —— 181

第1章 リーダーとは

私はリーダーの定義を「目的を達成するために人を動かすことのできる人」としています。

目的は何でもかまいません。会社の社長もリーダーなら、職場主任もリーダーです。パーティーの主催者もリーダーです。マフィアにもボスが存在します。闇の世界にもリーダーはいるのです。善悪で言えば好ましくありませんが、リーダーシップを発揮していることに何ら変わりはありません。

何人かが力を合わせなければ達成できない仕事があれば、そこにリーダーが必要となるのです。1人でできる仕事にリーダーはいりません。

コンピュータのシステム開発を行おうとすれば、小さなシステムでも数人でプロジェクトを組むことになります。そのリーダーがプロジェクトリーダーです。金融の大がかりなシステムを開発しようとすれば、千人単位のプロジェクトとなります。部下の数は違いますが、これもプロジェクトリーダーです。

つまり部下の数は関係ないのです。部下が1人でも数千人でも数万人でも、リーダーはリーダーなのです。

1 リーダーシップはスキルを身に付けるだけでいい

――状況に応じたリーダーシップスタイルをとる

リーダーとして人の上に立って仕事をしようという考えを持った人がいるとします。しかし、いくら頑張っても周りが認めなければ、リーダーとしてのポジションは獲得できません。一方、学生がマクドナルドでアルバイトを始めたとします。当面は何もわかりませんが、半年、1年と続けていくと、仕事にも慣れ、後輩も入店してきます。店長からは、指導的な立場を期待されます。つまり、リーダーとしての仕事が加わってくるのです。

このように、リーダーとしての役割は、自分が希望する、しないに関わらず、周りが期待する機能なのです。

リーダーとなり大勢の人々を動かしていこうと考えている人は、積極的にリーダーシップスキルを学びましょう。また反対に、人の上に立つのが嫌だと考えている人はリーダーを嫌がっても仕方ありません。ある社会的な年齢になれば好むと好まざるとに関わらず、周りが期待を寄せるからです。逃げ回っていては社会生活が窮屈になってしまいます。

どちらにしても、リーダーシップはスキルなのですから、うまく身に付けていけばいいのです。

以前、リーダーシップの研究家が、優れたリーダーには共通する特徴があるのではないかと考え、歴代の偉人の共通項目を探したことがあります。ナポレオン、ジュリアス・シーザー、ヒットラー等々です。しかし、皆軍人で左利きという以外共通項目は見つかりませんでした。

日本でもリーダーシップの比較として織田信長、豊臣秀吉、徳川家康の名前が挙がります。しかし、「鳴かぬなら、殺してしまえホトトギス」「鳴かぬなら、鳴かせて見せようホトトギス」「鳴かぬなら、鳴くまで待とうホトトギス」とスタイルは三者三様です。

どうやらリーダーシップに「これならうまくいく」という1つのスタイルは存在しないようです。

現在のリーダーシップ論では、すべての状況に合致するスタイルがあるのではなく、その時々により、うまくいくリーダーシップスタイルが存在すると考えられています。

つまり、状況が変われば自分自身のリーダーシップを変えることが必要だという考え方です。

今、あなたが周囲の人々に影響を与えられていない、リーダーシップを発揮できていないと感じているなら、あなたのリーダーシップが状況にフィットしていない可能性があります。また、リーダーシップのとり方がワンパターンでは、様々な部下に対して効果を発揮することはできません。

状況に応じてリーダーシップスタイルを変化させるための方法と、様々な部下に対する効果的な接し方を習得する必要があります。

難しそうな印象を持った方もいらっしゃるかもしれませんが、日頃私たちがコミュニケーションをとるときに無意識に行っていることなのです。子供と大人、先輩と後輩、社内とお客様、すべて話し方が違いますよね。私たちは、人によって話し言葉や行動を変化させているのです。

このように、部下に対してもリーダーシップスタイルを変化させていけばいいのです。

2 リーダー（LEADER）の語源

――うまく身に付けていけばいいだけ

あるアメリカの会社の、リーダーシップに対する定義を紹介しましょう。ここでは、リーダーの具体的な仕事の内容が端的に表現されています。

L（Listen）聞く
E（Explain）説明する
A（Assist）助ける・援助する
D（Discuss）話し合う・討議する
E（Evaluate）評価する
R（Response）応答する

L（Listen）聞く

相手の状況がわからなければ、物事を提案したり、指示命令したりできません。周り（社内外の関係先すべて）の話をよく聞くということです。判断するのは情報収集が終わった後のことです。

E（Explain）説明する

自分や会社の考えを相手にわかりやすく説明することです。自分では理解できていても、相手に伝わらなければ説得の効果はありません。「うまくやれ」では、何をどのようにうまくやるのかわかりません。

A（Assist）助ける・援助する

部下の公私にわたり、心理面で支えることです。部下の仕事を助け、そして援助する役割です。その結果、仕事の効率が上がればいいのです。それによってあなたの評価も高まります。

D（Discuss）話し合う・討議する

変化の早い世の中です。自分が持っている情報がすべてではありません。部下のフレッシュな考えを大いに活用しましょう。リーダーは何でも知っている必要はあり

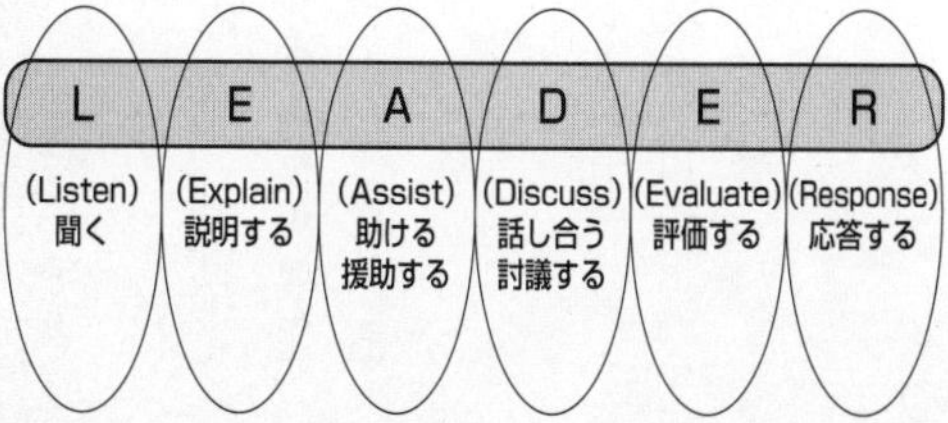

ません。話し合い、討議することで、最初はバラバラだった意見を1つにまとめることができるのです。

E（Evaluate）評価する

部下は、リーダーの評価に従い行動します。リーダーの期待と部下の現状とのズレを指摘することにより、行動の修正を図れます。期待通りに物事が進んでいるときも積極的に指摘することにより、部下は自分のポジションを確認できます。

【詳しくは第7章】

R（Response）応答する

部下の問いかけに対し明確に意思決定することです。わからなければ、わからないと言って部下と共に考えればよいのです。今の時代、すべて上司が正解を用意できるとは限りません。先延ばし、優柔不断が最悪です。今まで築いたリーダーシップを一気に失墜させてしまいます。

3 リーダーシップのスキル

――リーダーに望まれる技術……カッツモデル

下の図は、リーダーシップ研究家のカッツが、組織内の役職別に必要なスキル（技術）を大きく3つに分けたものです。役職により要求されるスキル（技術）が端的に表現されています。

概念化スキル：

戦略立案や限られた情報の中から正解を導き出す能力、混沌とした状態から方向を見い出す能力です。

多くの会社で中長期の経営計画を立案します。しかし実際は、3年、5年後の予測などわかる人などいないのです。また、工場建設予定地AとBがあります。それぞれのメリット・デメリットを検討しても優劣はつきません。しかし、どちらかに工場を建設するために土地を購入しなければなりません。

リーダーに望まれる技術（カッツモデル）

このようなとき、情報を整理し、意思決定していく能力です。トップマネジメントだけが必要なスキルではありません。事務職の新規応募者のAさんとBさん、どちらを採用するかを決めるのは概念化能力です。

一般に役職が高くなるほど要求されるスキルです。

コミュニケーションスキル‥

人との関係を良好に築いていけるスキルのことです。

社長が社員大会で話をすれば1対大勢のコミュニケーションスキルが必要です。業界の会合、銀行との折衝もコミュニケーションスキルです。中間管理職は、自分の部下や同僚、そして上司との間に挟まれます。「あちらを立てればこちらが立たず」になることも仕方がないでしょう。しかし、どうにか両者の顔を立てることも求められます。また、関連部署との調整も必要でしょう。営業や広報部門では社外の人とのやりとりがあります。新入社員も例外ではありません。上司から、可愛がられる能力もコミュニケーションスキルです。

これらの状況下すべてで求められるのがコミュニケーションスキルなのです。トップマネジメントから新入社員まですべての領域で必要となるスキルです。

テクニカルスキル‥

仕事を遂行するのに必要な技術的スキルです。

たとえば、建設会社の技術者は建築士の技術が必要です。経理課なら計算能力です。これらのスキルが高くなければ仕事になりません。しかし、建築会社の社長に建築士の資格は必要ありません。一般に役職が低いほど要求されるスキルです。

これら3つのスキルの中で、役職が高くなればなるほど多くの時間が必要なのがコミュニケーションです。アメリカのエクゼクティブを対象にした調査では、実に勤務時間の80%が他者とのコミュニケーションに使われているという結果が出ています。

リーダーの仕事はコミュニケーションと言っても過言ではありません。この80%の時間を、いかに効率よく使うことができるかに、リーダーとしての成功がかかっているのです。

4 コミュニケーションの意味

――考え・情報・感情などを伝達し、共有し合う

コミュニケーションの語源は、コミュニス（COMMNIS＝ラテン語）であり、「わかち合う」「共有し合う」という意味です。お互いの考え・意見・情報やデータ・価値観・感情・動機・欲求などを伝達し、共有し合うことを意味します。

したがって、リーダーの考えが、部下に理解され共有できなければ、コミュニケーションがとれたとは言えません。指示しただけ、命令しただけということになります。

◆対人コミュニケーション

人が他者に情報を伝達することです。しかし、コミュニケーションには、自己の感情を表出することが目的の自己充足的なものもあり、必ずしも情報伝達だけが目的ではないのです。「怒り心頭に発し」などは、必ずしも相手に向けた効果的なコミュニケーションではなく、自己の感情の暴発と考えられます。人に向けたコミュニケーションを〝対人コミュニケーション〟、自問自答を〝内的コミュニケーション〟と言い

ます。

①自己の認知や感情を表出することで、基本的欲求を充足させる

自分自身の喜びや楽しみ、悲しみ、悩み、痛みを相手に伝えることです。心に秘めた感情を出すだけで、人間としての欲求を充足させることができます。リーダーは、自分自身の欲求を充足させるだけでなく、感情を表出させることにより、部下のモラルを高め、行動に導くための手段として使うことができます。

②特定の他者との間に親しい関係を形成し維持する

感情表出も含めて、あらゆる情報を交換することによって、その人と親しい関係になることができます。気持ちや考え方を把握し合い、お互いを理解し尊重し合えることができるからです。

③自己の社会的妥当性を高め、より良い自分になる

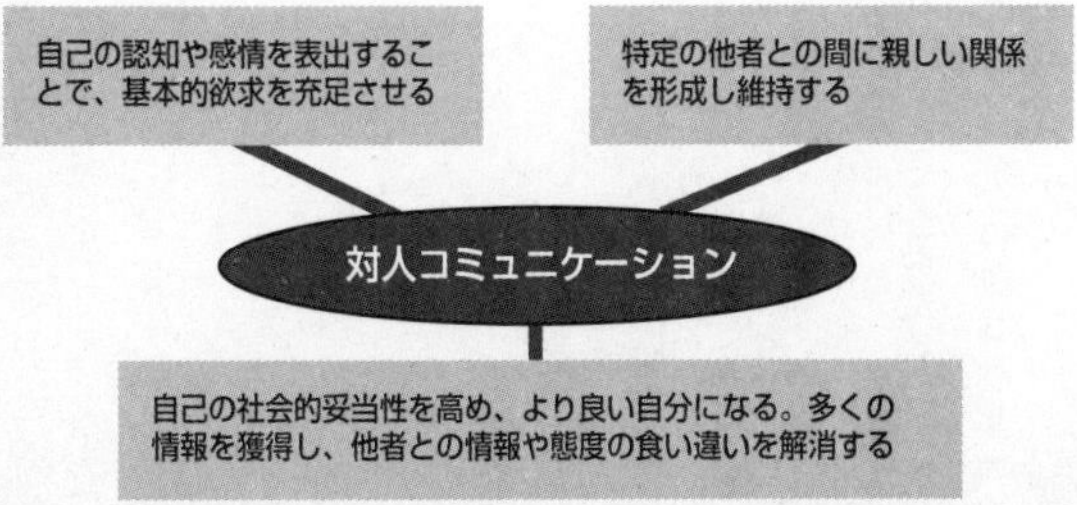
自己の認知や感情を表出することで、基本的欲求を充足させる
特定の他者との間に親しい関係を形成し維持する
対人コミュニケーション
自己の社会的妥当性を高め、より良い自分になる。多くの情報を獲得し、他者との情報や態度の食い違いを解消する

多くの情報を獲得し、他者との情報や態度の食い違いを解消する。

自分の立っている位置、つまりリーダーとしてのスタンディングポジションを明確にすることができます。自分の情報や他者の情報を組み合わせ、より良いリーダーとしての基盤を作ることができます。

◆コミュニケーションのレベルを一致させる

①論理レベル……………頭脳（考え、知識、言葉、文字）
②感情レベル……………心（気持ち、思い、感情）
③行動レベル……………身体（態度、行動、動き、表情）

効果的にコミュニケーションを図るためには、論理・感情・行動レベルを一致させることが大切です。

たとえば、「申し訳ない」という気持ち（②感情レベル）を相手に伝えるためには、「ごめんなさい」という言葉（①論理レベル）を口に出し、頭を下げ（③行動レベル）、初めて相手にあなたの気持ちが伝わります。

逆に言えば、3つが一緒になっていないと、相手に伝わりにくいということになります。たとえ、あなたに「申し訳ない」という気持ち（②感情レベル）があったとしても、言葉がなく（①論理レベル）、頭を下げる（③行動レベル）こともなかったら、相手には伝わらないということなのです。

◆コミュニケーションがうまくいかない理由

前述のように、3つのレベルが不一致のとき、誤解を生みやすいのですが、その他にも様々な要因があります。

①相手から望む反応が得られなければやり方を変える

たとえば、部下が何回も同じ失敗を繰り返すとします。

最初は、このように言うでしょう。

「次はよく注意をしてやるように」

2回目は次のようになりがちです。

「またか、この前も同じミスをしたぞ。もっと注意深くなれ」

3回目はテンションだけが上がってしまうことになるでしょう。

「一体どういうつもりだ！　やる気があるのか！　いい加減にしろ！」

これはやり方を変えずに、ただ力を強めているだけに他なりません。うまくいかないとき、人は自分の行動を強める傾向があります。これでもか、これでもか、と強めていくのです。強めるだけが方法ではありません。私たちは別のやり方を探すこともできるのです。

②コミュニケーションに失敗はない。あるのはフィードバックだけである

コミュニケーションは相手の反応を得ることに意味があります。つまり、自分が相手に投げかけた言葉や態度によって、必ず相手からも反応があるのです。そして、その相手の反応があなたにフィードバックされ、あなたはまた相手に言葉や行動を返します。2人の間には、切れ目なく反応のやりとりが交わされます。

望む反応が得られなければ、得られるまで、あなたはやり方を変え続ければよいのです。コミュニケーションに失敗はありません。多くのリーダーの失敗は、やり方を変えずに途中であきらめてしまうことです。

5 リーダーの話し方

――部下が理解できる言葉で話さなければならない

◆リーダーは部下が理解できる言葉で話す

コミュニケーションは、よくキャッチボールにたとえられます。あなたが緩い放物線を描くようにボールを投げたとしたら、受け取る相手は楽にキャッチすることができます。しかし、5つのボールを一度に投げたら相手は受け取れません。剛速球もカーブやフォークのような変化球も受け取るほうは容易ではありません。

リーダーは、部下が理解できる言葉で話さなければなりません。リーダーの中には、この努力を怠っているくせに「この頃の部下は人の気持ちを察する力に欠ける」などと言う人がいます。ぼやいていても何も始まりません。

リーダーの仕事は、部下に自分の思い通りに働いてもらい、成果を上げることなのです。部下が動いてくれなければ、動いてもらえるように自分自身がコミュニケーションの仕方を変える柔軟性が必要です。

◆言葉の使い方

職業柄、いろいろな席で講演を頼まれることがあります。まず、主催者側の挨拶、続いてトップ講話です。

【例1】「我が社を取り巻く経営環境は非常に厳しい。社員の皆様にあっては意識革命を……」

よく聞くフレーズですが、本当にこれで部下は意識革命を試みるのでしょうか？内容は非常に厳しいのですが、聞いている従業員の表情は決して暗くありません。むしろ楽しそうな雰囲気さえも感じられました。後で、専務に聞いてみると、「厳しい・意識革命」が社長の口癖だそうです。何度も何度も同じ話を聞かされたら、従業員は「またか」と思うだけです。

【例2】「このような厳しい環境の中で我が社は何としても生き残らなければならない。……そのためには背水の陣で……意識革命を……」

ある全社員大会のことです。やはり【例1】と同じような厳しい内容の話でした。

会社が傾けば自分の財産までなくなるオーナー社長は、危機意識も高いでしょう。サラリーマン社長でも引責辞任はまぬがれないでしょう。潰しが利かない幹部社員も人員整理などされたら他に行く当てがありません。確かに彼らには効果的な話かも知れません。しかし、優秀な若手が真に受けたらどうでしょう。彼らは「背水の陣」で戦わなければならない会社に魅力など感じません。さっさといい会社に再就職したいと思うのではないでしょうか。

会社の業績が悪くて社員に意識革命まで求めるなら、運転手付きの車の処分が先です。社長の意識革命が先……と社員は考えるのではないでしょうか。

社員は、自分や家族の生活が豊かになり、いい思いをするために働いているのです。人間は、皆自分と同じだと考えてしまいます。自分が動機付けられる言葉を相手に使っても、必ずしも効果を上げられません。相手が動機付けられる言葉を選んで使う必要があります。

上司は、同じ日本語で話しているのだから自分の話したことが部下にも同じように伝わっていると考えます。しかし、これは間違いです。まったく同じ言葉にもいろいろな意味や解釈があるからです。また、解釈により受け取り方が異なるからです。

◆言葉の外延と内包

外延性の高い言葉とは、「セーラムピアニッシモ１mgのたばこ」などです。このたばこを知っている人なら、どこの誰が聞いても、同じものが目に浮かびます。このように、同じものを思い描ける可能性が外延性です。

一方「たばこ」という単語は内包性が高い言葉です。国産、外国産、軽いたばこ、強いたばこ、紙巻きたばこなど、様々なたばこが含まれています。

「あれ」　「これ」　「それ」

「頃合いを見て」　「タイミングを図って」

すべて、内包の固まりのような言葉です。いつ、どのようにタイミングを図ればよいか相手には伝わりません。自分ではわかっているのですが、このような言葉でコミュニケーションしていたのでは部下は動けません。

ビジネスの世界で、「あうんの呼吸」を期待してはいけません。リーダーは、誰が聞いても理解できる言葉を使う必要があります。

第2章
好かれるリーダー、嫌われるリーダー

リーダーシップを発揮するには相手が必要です。誰もいない無人島ではリーダーシップは発揮できません。

このように考えると、リーダーシップとは「ある人間が、別の人間に、なんらかの働きかけを行うこと」と定義できます。つまり「リーダーの対人関係能力の一部」と言えるのです。

したがって、上司は部下（人間）がどのような行動特性を持っているのか、あらかじめ把握しておく必要があります。「敵を知れば百戦危うからず」です。人間は十人十色と言われますが、意外に共通している面があるのです。

リーダーシップの発揮の仕方次第で、部下はやる気にもなれば、やる気も失うのです。

部下は、リーダーのどのような言動にリーダーシップを感じるのでしょうか。そして、「この人だったら」と従う気になるのでしょうか。

その答えは、部下の心の中にあります。第2章では、部下である前に、1人の人間として、共通の特徴を理解しましょう。

1 印象操作で人望をアップさせる

――人は、嫌な人の言うことを聞かない←→人は、好きな人の言うことをよく聞く

【部下】「以前のボスはよかったわ。私たちを理解してくれた。それに比べると新しいボスは最悪〜。まったくやる気なくしちゃう」

オフィス街のランチタイムでよく話されていそうな話ですね。
次は、上司の会話です。

【上司】「今時の若い者は、けしからん！　何もわかっていないのに口ばかり達者だ。ちょっと叱れば、すぐにむくれる」

飲み屋でよく話されていそうな話です。
お互い相手を認めていないどころか、非難をしています。お互いを「嫌なヤツ」「どうしようもないヤツ」と思っているのです。
人は、嫌な人の言うことは聞きません。指示も提案も受け入れません。これは、人

間なら誰もが持っている自然な感情なのです。もちろん、嫌な上司の指示でも、職務命令には従います。職場で上司の指示命令に公然と逆らえば、評価が下がり、自分自身の居場所を失うことを知っているからです。

上司のあなたに従っているのではなく、あなたの〝役職〟に従っているだけなのです。嫌だけど仕方なく従っているのです。もちろん、役職にはもれなくリーダーシップが付いていますので、最低限の秩序を保つことはできます。しかし、やる気に満ちた部下が仕事をするのと、やる気のない部下が仕事をするのとでは、仕事の生産性に大きな影響が出ます。

仮にあなたの部下が、嫌々ながらあなたの指示に従い仕事をしているとしたら、良い仕事は成し遂げられないでしょう。その結果、上司であるあなたの評価も下げてしまうことになります。

そこで、上司は部下から「嫌なヤツ」と思われないようにすることが肝心です。誤解しないでいただきたいのは、部下に迎合したり、甘くしろ、と言っているわけではありません。戦略的に印象操作をしろ、という意味です。これが、リーダーの好感度戦略です。

「人は、嫌な人の言うことを聞かない」という心理的な法則があると先ほど述べました。逆もまた真なりです。「人は好きな人の言うことをよく聞く」ということです。部下に、好感度の高い上司と認識させることは、リーダーにとって学ばなければならないスキルです。

部下から「うちの上司はどうも好きになれない」と思われているとしたら？　仕事は大変やりにくくなります。上司であるあなたの言葉や行動を少し変えるだけで、部下の評価を変えることができます。そして、大いにリーダーシップを発揮することができるのです。

繰り返し言いますが、「部下を甘やかせ」というのではありません。ましてや、部下の機嫌をとることでもありません。部下に「好感を与えろ」ということです。印象操作は、人望の一部なのです。私たちは戦略的に考える必要があります。

2 人は、事実でなく、言葉に反応する

――部下はリーダーの言葉そのものに反応する

以前、こんな話を聞いたことがあります。

リーダーのAさんは、仕事の要領の悪いBさんに向かって、つい怒りを爆発させてしまいました。よほど腹に据えかねたのでしょう。

【上司】「お前のようなデキの悪いヤツはクビだ。もう会社に来なくていい！」

そして、Bさんは本当に会社を辞めてしまいました。

リーダーのAさんには、Bさんのクビを切る権限はありません。まして、本当にクビにしようなどと考えたことは一度もないのです。Bさんの将来を案じて、強い言葉になってしまったのでした。Aさんはぼやきます。

【上司】「今の若い者は、言葉の真意がわからない」

部下のBさんは何に反応したかというと、リーダーAさんの言葉に反応したのです。

そして、額面通りに「自分はデキが悪く、会社に必要のない人間」と理解してしまったのです。「そこまで言われるのなら」と辞表を出したのでしょう。

一方、リーダーであるAさんのぼやきもわかるような気がします。しかし、「自分の本心を理解しろ。以心伝心で」では、リーダーとして怠慢過ぎます。リーダーは、どんな部下にも理解できるような言葉を使って話をする必要があるのです。

リーダーの言葉の選び方、使い方は非常に重要です。言葉ひとつで部下にショックを与え、会社を辞めさせることもできます。また、言葉ひとつで士気を上げさせることができるのです。

あなたは、リーダーとして部下のやる気を促す言葉の使い方ができているでしょうか？

部下が誤解しないよう正確に話さなければ、リーダーの意図は部下には伝わりません。

「部下（人間）はリーダー（あなた）の言葉に反応する」のです。

3 人は、その人の外見・態度で判断する

――自分では意識していない9割の部分を部下は見ている

◆会議やミーティングで部下の発言がない

ある企業でコミュニケーションについて講演を実施してほしいと依頼を受けました。私は、講演会前に事務局の若手社員と打ち合わせの時間を取りました。

私　「どうして、今回はコミュニケーションについて勉強しようと考えたのですか?」

先方担当者　「はい、上司から私たちのコミュニケーションがよくないと言われています。具体的には、会議のときでも黙ったままで発言がない。自分の意見を活発に出してほしいと言われているのですが……」

私　「ところで皆さんは、会社が終わって飲みに行くときでも、話が少ないのですか?」

先方担当者　「いや、そんなことはありません」

そんなやりとりの後、会議を終えた社長が会議室に入ってきました。唇を真一文字にして黙って席に座って腕を組んでいます。そして、部下のコミュニケーションの悪さについて語り始めました。

社長　「うちの社員は、会議でも発言がありません。多分、常日頃何も考えてないから発言もないのでしょう。発言しろと言っているのですが……」

ものを言わせぬ雰囲気です。私は、「会議で部下の発言が少ないのは、この社長の影響だな」と合点がいきました。人は、話の内容ではなくその人の態度や話し方から物事を判断するのです。「発言しろ」と口では言っても、社長の態度が発言を許していないのです。これでは、部下は発言できません。

◆対人関係の壁（メラビアンの法則）

メラビアンという心理学者の法則があります。（次ページ図）
この法則は、俗に「対人関係の壁」とも呼ばれています。

この壁は順番にやってきます。つまり、第1の壁（外見）や第2の壁（態度）、第3の壁（話し方）を飛ばして、その人の話を聞くことはない、という法則です。外見や態度に好感が持てなければ、決してその人の話には真剣に耳を傾けないのです。それでは1つずつ、壁の持っている意味をご紹介しましょう。

①外見（髪型・服装・表情等）

第1の壁は、外見（髪型・服装・表情等）です。私たちは、人を見た目で判断しています。口では「発言をしろ」と言っても、上司が眉間にシワを寄せ、口をへの字に曲げていては、部下は話がしづらいのです。

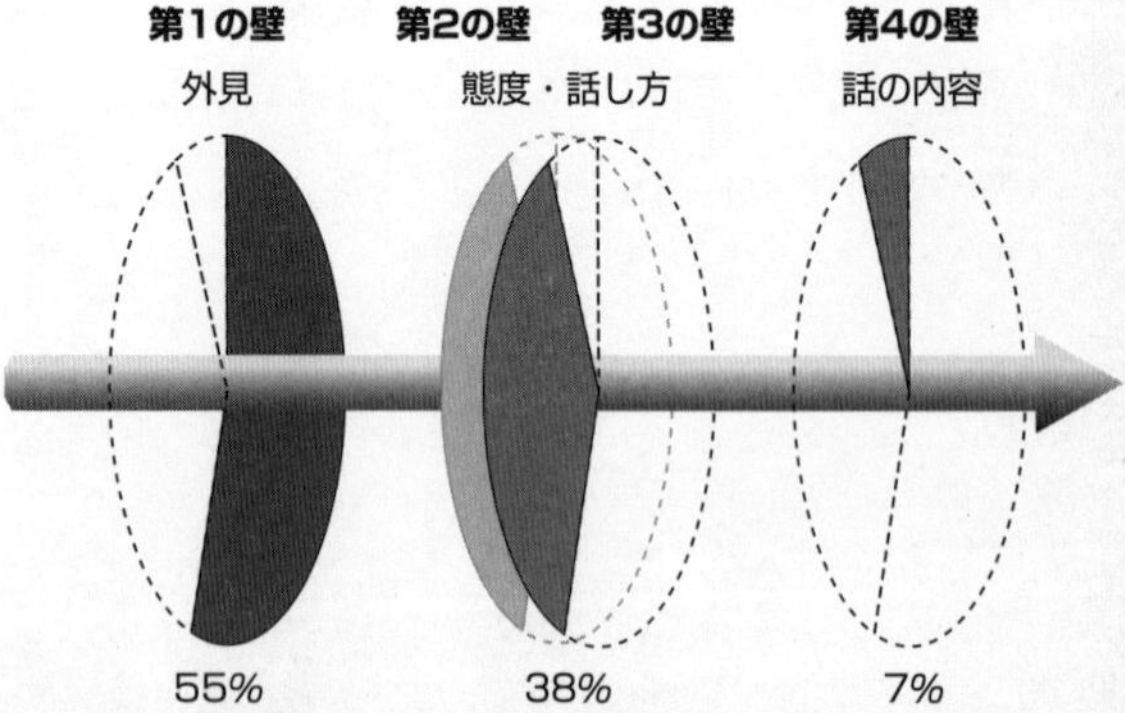

②態度（立ち方・座り方・歩き方等の仕草）

第2の壁は、態度（立ち方・座り方・歩き方等の仕草）です。たとえば、リーダーがダラリとした態度では、職場自体がダラリとした雰囲気になってしまいます。リーダーが疲れたような歩き方や姿勢では、職場はイキイキとしません。

③話し方（敬語・声の大きさ・抑揚等）

第3の壁は、話し方（敬語・声の大きさ・抑揚等）です。たとえば、声が小さく抑揚のない話し方では、リーダーの話に自信を感じることができません。これでは、当然説得力もありません。語尾の強い攻撃的な話し方では、部下は絶えず責められているように感じます。どうしても部下は防衛的になり、本音が出てきません。

④話の内容

第4の壁（話の内容）です。ここまで来てやっと話の内容を聞く、ということになります。話の構成・起承転結等も含まれます。自分が好きなように話すのではなく、部下からどのように受け取られるかを考えて話す必要があります。どんなにすばらしい話でも、部下が理解できなければ納得させることはできません。

私たちは、話の内容そのものではなく非言語（外見、態度、話し方）の情報からリーダーの意図を解釈するのです。その比率は、外見55％、態度・話し方で38％、話の内容で7％と言われています（A. メラビアン）。

上司が口では「話せ」と言っていても、部下はリーダーの顔色、話し方に反応してしまうのです。日頃、自分がどのような表情や態度で部下と接しているのか、自己点検してみることをお勧めします。第3者にそれとなく聞いてみるのも1つの方法です。人間の言動のうち9割は無意識の言動と言われています。自分では意識していない9割の部分を部下は見ているのです。

話しやすいリーダーには、部下から様々な情報が入ります。公式的な情報だけでなく、非公式な情報も入ります。社内の人心のちょっとした変化やゴシップ等々です。情報が早く入るリーダーは、事が公になる前に対処することが可能です。そして、話を気軽に聞いてくれるリーダーとして部下から信頼を集めることができるのです。

4 投げたボールと同じボールが自分に返ってくる

――返報性の法則

部下は、リーダーであるあなたに、信頼や愛情、尊敬を感じているでしょうか？「あなたのためなら」と、力を発揮してくれる部下は、はたして何人いるでしょうか？　反対に、リーダーであるあなたは、部下の能力を信頼し仕事を任せているのでしょうか？

なぜ、このようなことを尋ねたかというと、あなたが部下に対して持っている感情や評価と同じ気持ちを部下も持つからです。

これは「返報性の法則」という人間心理です。つまり、部下に、あなたを信頼しリーダーシップを認めさせるためには、まずあなたが相手である部下を信頼しなければないということです。

部下は、自分を信頼し能力を評価してくれるあなたに対して、その信頼を返そうとするのです。好意を持たれていると感じれば、自分も好意を持とうとするのです。野球にたとえるなら、あなたが、速球を投げれば部下からも速球が、変化球を投げれば、部下からも変化球が返ってくるということです。つまり、自分が部下に投げたボールは、同じように自分にも返ってくるということです。

「リーダーに認められている」と部下が思えば、部下もそのリーダーを認めます。そして、あなたの意向に添うように行動するのです。これは「リーダーからの承認を無視して、ガッカリさせたくない」という気持ちが働くからです。そして、何らかの恩返しをしようとします。これが「返報性の法則」です。

「返報性の法則」はプラスの感情（好き）、マイナスの感情（嫌い）のどちらにも働きます。たとえば、嫌いなリーダーからの指示には、部下はイヤイヤ従います。そんな部下を見て、あなたは「かわいい部下」と思えるでしょうか。また認めることができるでしょうか。

これは「返報性の法則」がマイナスの感情に働いたケースで、お互いの悪感情を相手に返していくのです。

そしてまた、無意識のうちに部下は失敗を引き起こしたり、報告を忘れる、というような行動で自分自身の悪感情をあなたに返すのです。これを「嫌悪の返報性」と言います。こうなると、ただの好き嫌いでは済まなくなります。

あなたは「好意の返報性の法則」を活用しますか？　それとも「嫌悪の返報性」を使いますか？

あなたは部下から好かれているリーダーですか？　それとも嫌われているリーダーですか？

コラム　社員を「子」と呼ぶ社長

ある、企業のオーナー社長は社員を「子」と呼びます。

「あの子の性格はいいんだが、少し仕事が遅い」「あの子たちは、仕事は一生懸命やるけど、任せるには少し不安」というような話し方です。

人望もあり、経営者として業界でも一目置かれる存在です。従業員の定着率も良好ですが、会社は大きくなりません。

一見、不思議に感じますよね？

しかし、これは当然の結果なのです。なぜなら、社長にとって社員は自分のかわいい子供なのです。社長が社員に子供でいて欲しいと願っているのです。この思いを受けてこの会社の社員は、独り立ちしないことによって、社長にお返ししています。

これも返報性の法則です。

5 心の内側にふれたとき、人は好意を持つ

――開放性の法則

A：「部下が100人いるリーダー」
B：「(自分に) 好意を感じている部下が50人いるリーダー」

A、Bどちらか1つ選べと言われたら、あなたはどちらを選びますか？　また、あなたが仮に部下だとしたら、どちらの上司の下で働きたいと思うでしょうか？

誰でも自分を慕ってくれる部下と共に働きたいですし、自分が慕っている上司と共に働きたいと願っているはずです。好きなリーダーとなら厳しい目標にチャレンジする気にもなるのです。

私たちは、「人望がある、ない」という言い方をしますが、人望のあるリーダーとは、部下に好かれるリーダーではないでしょうか。ビジネスライクに仕事を進めていても、好意・好感は高まりません。もちろん部下に好かれればよいというものではありませんが、嫌われていたのでは仕事がうまくいくはずありません。

そこで、自分に親しみを感じさせ、好意を持たせるための簡単な方法を紹介しましょう。

それは、仕事の話だけでなく、自分のプライベートな話や心の内面を少しだけ見せることです。

たとえば、次のような一面です。

【例】「実は、息子が今度受験なんだよ。あまりデキがよくないから、心配でね。どこでもいいから受かってくれればと思っているんだけどね」

このように、自分の内面やちょっとした悩み事を部下に打ち明けることです。心理学では「自己開示」と言います。人は相手の内面に触れたとき親しみを感じる、という心理を使うのです。

リーダーのプライベートを告げられた部下は、きっとこう感じることでしょう。

「いつもキツイことばかり言っているが、意外に優しい面もあるのだな。顔には出さないけど悩みも抱えているのだな。それに、他人には言いにくいことを打ち明けてくれた。もしかしたらリーダーは自分を信頼してくれているのかも知れない」

私たちはリーダーであると同時に、夫や妻の顔も持っています。父や母でもあります。息子や娘でもあるのです。様々な顔を持っているのです。ビジネスとプライベートの話は全く別と、考える必要はありません。ちょっとした自己開示が潤滑油になり、リーダーシップの補助役となってくれるのです。

留意点は、自分の内面を適量・適度に伝えることです。内容は、ちょっとした悩みや将来の夢などです。

自分の〝心の蓋〟を少し開けてみましょう。ただし、自慢話は止めておきましょう。

上司の話ですから黙って聞いてはいますが、内心はウンザリです。

6 類似性の法則を活用しよう……ペーシングテクニック

——共通性がないなら意図的に共通点を作り上げる

同じ職場で長期間共に仕事をしてきた部下とは、気心も通じ、仕事がやりやすいのですが、初めて一緒に仕事をする部下とは、しっくりいくまで時間がかかります。しかし、人心の把握に時間がかかっていたのでは、成果を出すのに時間のかかる駄目なリーダーの烙印を押されてしまいます。今、時代がリーダーに求めているのは、スピードと結果です。

・人事異動で新しい職場に赴任する
・プロジェクトで半年のチームを組む
・業績の傾いた部署の立て直しを図る

このようなときに使える有効な方法が『ペーシングのテクニック』です。ペーシングとは、意識的に類似点を作り上げることで、信頼関係を構築するテクニックです。

昔から「同じ釜の飯を食った」「苦楽を共にした仲間」などという表現があります。

これは、同じ職場で長い間一緒に仕事をしていれば、共通体験が増え、考え方や価値観まで似てくるということです。そして仲間意識が芽生えるのです。つまり、お互いに理解し合うことができ、信頼関係ができた状態です。

これを『類似性の法則』と言います。同じような環境で、同じ時を過ごし、考え方や価値観も似てくることを言います。

『ページングのテクニック』とは、共通体験がないのなら、こちらから意図的に共通点を作り上げ、部下と信頼関係を構築するテクニックのことを言います。

たとえば、次のような例もあります。ロングランで親しまれている映画「釣りバカ日誌」の主人公浜ちゃんは、誰とでも仲良くなります。しかし、浜ちゃんがすぐに仲良くなれるのは皆釣り好きの人たちです。皆さんも、パーティーなどで初めての人と会ったとき、共通項を探しませんか？　そして、初対面の人と趣味が同じことに気付いたとき、その後話は盛り上がりませんでしたか？

あなた：「趣味は何ですか？」
相手　：「海釣りを少々」

あなた：「本当ですか。私も休みの日は必ず海釣りなんですよ」
相手　：「私は千葉によく行くのですが、あなたはどちらの方面に……」
あなた：「えっ!?　偶然ですね、私も……」

また、自分と共通の趣味がない場合、「どんなお仕事なんですか?」「どのような会社にお勤めですか?」「出身校は?　出身地は?」などという質問をしますよね。私たちは無意識に相手との共通点を探している行動をとっているのです。なぜなら、私たちは共通点があれば、その後話が盛り上がることを経験的に知っているからです。

しかし、それでも共通点が見つからずに話が途切れてしまうことが多々あります。私たちには、趣味、仕事、出身地以外に相手との共通点がないのでしょうか?

本当はたくさんの共通点がありながら、見逃しているのではないでしょうか?　会社なら、同じ職場、同じ仕事、同じ目標。実は共通点は多いのに、相手との違いばかり気になってしまうのではないでしょうか。

人間には、相手と自分の違いを探す性質があります。しかし、コミュニケーション上手と言われる人たちは相手との共通項目に目を向けているのです。

7 対人関係のマジック

——まず部下に合わせてから、次にリードしていく

多くのリーダーが犯しがちな間違いは、部下を一気に引っ張ろうとしてしまうことです。

「部下は上司の指示・命令に従うべきだ」、確かにこの考え方は間違っていません。しかし、現実はどうでしょうか。上司から言われたことはすべて正しいと信じ、何の疑いも抱かずに職務を遂行する人は何人いるでしょうか。

人間は、信頼している人物にはついて行きます。しかし、信頼できないリーダーにはついて行こうとはしないのです。部下をリードしようと思ったら、焦ってはいけません。まずは『ペーシング』で部下のペースに合わせ、その後リードに移るのです。

ペーシングとは、相手と同じ歩調に合わせることと考えてください。

たとえば、あなたの上司として着任したばかりのAリーダーが、突然こう言ったとします。

【例】「そんなやり方では駄目だ。非効率であまりにもロスが多すぎる！ 前任者は何をマネジメントしていたんだ！ これからは新しいやり方でやってもらう」

これを聞いたあなたは、どう感じるでしょうか？ まったくその通りだと納得できるでしょうか？

何年もかかり前任のリーダーと共に、その仕事を作り上げてきたのです。今までのやり方を真っ向から否定されたのでは立つ瀬がありません。反発心や抵抗心が生まれるのは必然です。人間は感情の動物なのです。「何も知らない新参者が何を言う」と反発してしまうのではないでしょうか。

一方、こんなBリーダーだったらいかがでしょうか。

【例】「なるほど、今までここの事業所では、○○のような仕事の進め方をしていたんだね。確かに、これならば時間はかからない。しかし、ロスについてはどう考えているのかな？」

先ほどの一方的な上司と比べると随分と印象が異なるはずです。Bリーダーは、次のような2段階法のテクニックを使っています。

①最初に相手のやり方を認める

②その後、問題点を指摘する

突然否定されれば面白くありません。まずは、相手を認めることからスタートしているのです。相手を認める、実はこれがペーシングなのです。相手にペーシングすることなしに、いきなり自分のペースに持ち込むことを『ディスペーシング』と言います。リーダーにカリスマ性や十分なパワー、信頼があれば、成功することもあります。しかし、それは希なことです。

8 ペーシングテクニックの使い方
――人は、自分とは異なる者に対して警戒心を抱く

具体的にペーシングのやり方を3つの要素に分けて説明しましょう。

◆ペーシングの3つの要素

身体のペーシング――Karada
服装・姿勢・表情・身振り・手振り・態度・動作・呼吸・座り方・立ち方・手の位置・足の位置・身体の傾け度合い等

言葉・話し方のペーシング――Kotoba
スピード・高低・大小・トーン・語調・リズム・抑揚・英語（カタカナ）・専門用語・形容詞・副詞・擬態語・文の長短・好んでよく使う言葉 等

考え方・感情（ムード）のペーシング――Kokoro
雰囲気（明るい／静か）、感情（喜び／悲しみ／怒り）、エネルギー（多い／少ない）、テンション（高い／低い）、考え方（価値観／信念／思考／趣味／好み）等

◆ページング効果と由来

あなたは初めて会う人と緊張せずに、自分の本音や言いたいことをズバズバ言えますか？

言えませんよね。相手がどんな人かよくわからないうちは、安心はできませんから。人間は、自分と異なるものに対して警戒心を抱きます。もともと自分と同じ人間などいるわけがないのですから、初対面の人であれば警戒心や不安感を多かれ少なかれ抱くものなのです。

これは、太古の昔、人間は外敵から身を守る必要があったことから由来しています。たとえば、縄文時代を生きているあなたを想像してみてください。鳥や獣から身を守るために、常に外部に対して緊張しているでしょう。

目を凝らし周りをジッと観察するのです。鳴き声や音にも敏感になります。自分とは違った鳴き方（音声）が聞こえれば警戒します。また臭いにも敏感です。自分とは異なる臭いを放つものには、危険を感じ、警戒するでしょう。つまり、太古の昔から脈々と受け継がれていることなのです。いわば、種族保存のための本能と言ってもいいでしょう。

とすれば、姿かたちを最初から似せてしまえばよいわけです。同じ人間でも、背の高い人もいれば、低い人もいます。痩せている人もいれば太っている人もいます。体格までは似させることはできませんが、姿勢や身体の重心、表情や呼吸は、似させることができます。

これが、一番目のK（Karada：身体）のペーシングです。

9 身体のペーシング……Karada
——自分と同じ姿かたちの人＝信頼できる人

服装・姿勢・表情・身振り・手振り・態度・動作・呼吸・座り方・立ち方・手の位置・足の位置・身体の傾け度合い等

初対面の部下は、何が類似点なのかがまったくわかりません。部下にとっても同様です。ある日突然やってきたリーダーはどんな人物なのかわかりません。お互い類似点があったとしても、最初はわかり合えません。

わからなければ当然警戒します。心理的バリアーを張って警戒しているのです。そこで、この心理的バリアーを取り去ってくれるのが『身体のペーシング』です。

部下の姿勢、身振り、動作に合わせるのです。同じ人間でも姿かたちは様々です。胸を張っていて姿勢の良い人、猫背気味の人、首をどちらか一方に傾けて話す人、足を組む人、組まない人…。姿かたちを真似ることで、お互いの違和感を消してくれるのです。「私たちは同類だ」と部下へ伝えることができるのです。これが、『身体のペーシング』です。

身体のペーシングは、部下の潜在意識へダイレクトに入力されます。姿かたちをペーシングされると、部下の潜在意識は、自分とリーダーとの違いを探すことができません。

自分と同じ姿かたちの人＝信頼できる人

という公式があるからです。人間は、自分で自分のことを否定することはできません。その結果、リーダーに対して張っているバリアーを取り去るのです。

私たちは、目（視覚）から全体の約83％の情報を得るというデータがあります。「百聞は一見にしかず」、まさに目に見えるだけに、強力なテクニックです。

身体のペーシングのコツは、部下をよく観察することです。ペーシングできていないと、部下からどのような評価を受けるでしょうか。

たとえば、姿勢が部下にペーシングできていないと、以下のようになります。

【例】①椅子にきちんと腰掛けている部下が、ラフに座っているリーダーを見ると、

↓　だらしなく見えます。

②ちょこんと椅子に腰掛けている部下が、腕組みをし、のけぞっているリーダーを見ると、

↓　威圧感を感じ、とっつきにくそうな人だと思います。

③呼吸のゆっくりな部下が、呼吸が浅く早いリーダーの前に出ると、

↓　せかせかした人だと思います。

④いつも笑顔の部下が、表情に変化のない（無表情な）リーダーを見ると

↓　暗く冷たい人に見えます。

⑤キリッとした表情の部下が、いつも笑顔のリーダーを見る

↓　ニヤケタ人に見えます。

つまり、自分とは違うと思い、違和感を覚えるのです。違和感を覚えれば警戒します。人間は常に自分は正しいと思っているため、自分と異なる他者を否定する傾向があるのです。それが心理的バリアーです。

そこで部下のバリアーを取り去るためにペーシングを使います。

【例】①「動作の速い部下」
　→リーダーは、動作のスピードを部下に合わせ速くします。
②「動作の遅い部下」
　→リーダーは、動作のスピードを部下に合わせ遅くします。
③「身振り手振りの多い部下」
　→リーダーは、身振り手振りを部下に合わせます。
④「表情が豊かな部下」
　→リーダーは、喜怒哀楽を顔に出し部下に合わせます。
⑤「テーブルの上に手を組んで座っている部下」
　→リーダーは、テーブルの上に手を置くか、同じように手を組みます。

このようにして、微妙に調整をしていくのです。

100%合わせると、不自然になり、部下に気付かれてしまいます。勘所としては、60〜70%程度姿勢を真似るのです。特徴的な部分やジェスチャーに合わせるぐらいがちょうど良いでしょう。

身体のペーシングが効いているかどうかを確かめるにはどうしたらいいでしょうか？　それには、十分ペーシングしたと思ったら、今度は自分から違う姿勢をとってみることです。テーブルの上に置いてあるコーヒーやお茶を飲む、タバコに火を点ける、机からちょっと身体を離すなどです。

ペーシングが効いていれば、部下はリーダーにつられて同じ行動や動作を行います。これを「リーディング」と言います。リーダーの行動に影響され、部下が同じ行動をとるのです。

こうなれば、しめたものです。ペーシングが効いていると思って間違いありません。

〈ペーシングのパターン〉

全身のペーシング……………身体を相手の姿勢の変化に合わせる
身体の一部のペーシング…身体の一部の動きに合わせる
半身のペーシング…………相手の下半身か上半身に合わせる
頭・肩・足のペーシング…相手の頭・肩・足などの特有のポーズに合わせる

10 言葉・話し方のペーシング……Kotoba

――部下の声や言葉に合わせる

スピード・高低・大小・トーン・語調・リズム・抑揚・英語（カタカナ）・専門用語・形容詞・副詞・擬態語・文の長短・好んでよく使う言葉等

言葉・話し方のペーシングは、部下の声や言葉に合わせることです。または好んで使う言葉、カタカナ語などです。〝言葉は魂〟と言うように、言葉は部下そのものなのです。言葉・話し方にペーシングすることで、部下との一体感をさらに高め、信頼関係を築くことができます。部下にも、各々独特の言葉があるのです。一見同じように話しているようで、よく聞くと異なっています。

自分自身ではそれほど意識していませんが、自然と言葉・話し方にペーシングできていることもあります。たとえば、子供と話すとき、「ふ～ん、それでぇ？　幼稚園ではお友達と仲良くお遊びできたのぉ？」など、子供言葉になりませんか？　決して会社では使わない言葉やトーンで話しかけていますね。また、ご年配の方に道案内をするとき、「地下鉄を降りるとスタバ（スターバックス）がありまして……」と話すでしょうか？　話しませんよね。

私たちは無意識にペーシングしているのです。今後は、意識してペーシングしていけばいいのです。部下の言葉を注意深く聴き、さらに細かく合わせていくのです。

たとえば、声の大きな人／小さな人、声の高い人／低い人、スピードの速い人／遅い人、英語・カタカナ語の多い人／少ない人、好んで使う言葉などです。注意して聞いてみると、かなり多くの特徴があることに気付きます。このような言葉や話し方の特徴を真似るのが、言葉・話し方のペーシングです。

言葉・話し方のペーシングができていないと部下からどのような評価を受けるでしょうか。

【例】①早口な部下は、ゆっくり話すリーダーを
　　↓　ペースが遅いと評価します。ときにイライラしてくることもあります。
②ゆっくり話す部下は早口のリーダーを見ると

↓　ついていけないと考えます。焦ってしまうこともあります。

③大きな声の部下は小さな声のリーダーを
↓　自信のない人と、評価します。

④小さな声の部下は、大きな声のリーダーを
↓　威圧感があると思い緊張します。

⑤英語・カタカナ語の少ない部下は、多いリーダーを
↓　「横文字ばっかり使うなよ」と思い、「かっこつける人」と思います。

人間は常に自分は正しいと思っています。そこで、自分と異なる他者を否定するのです。ページングするには、

【例】①「早口の部下」
↓　リーダーは、ペースを上げて話します。

②「声の小さな部下」
↓　リーダーは、声のボリュームを押さえて話します。

③「声の高い部下」
↓ リーダーは、半オクターブ上げ、部下に合わせます。
④「英語・カタカナ語の多い部下」
↓ リーダーは、英語・カタカナ語を混ぜ、部下に合わせます。
⑤「何回も同じ言葉を使う部下」
↓ リーダーは、会話の中にその言葉を使って、部下に合わせます。
部下　「やはりいろいろと心配で…」
↓
リーダー「そうか、心配だよなぁ」

まずは、部下の声の調子や大きさ、話し方のリズムや速さをよく聞くことです。それに応じて自分の話し方や声を変え、合わせるのです。部下の声に共鳴させるつもりで行ってみましょう。いつもの自分の馴れ親しんだ話し方をしていては、ペーシングすることはできません。ワンパターンでは多くの部下と打ち解けるのに時間がかかってしまいます。

11 考え方・感情：ムードのペーシング……Kokoro

――自分のことを受け入れてくれた上司に対しては受け入れようとする

雰囲気（明るい／静か）、感情（喜び／悲しみ／怒り）、エネルギー（多い／少ない）、テンション（高い／低い）、考え方（価値観／信念／思考／趣味／好み）等

ペーシングの3つ目は、考え方、そのときどきの感情、価値観、信念です。ここにペーシングできれば、高い信頼を勝ち得ることができます。

「考え方、感情」は、「身体」や「言葉」のように、目に見えたり、聞こえたりはしません。頭の中や心の中のものです。しかし、表情や言葉になって表れます。したがって、話の内容や表情からその内面の感情や考え方を知り、そこにペーシングすることになります。表情や態度、言葉・話し方を活用することによって、うまくペーシングをするのです。

考え方や価値観は、お互い最も異なる部分です。したがって、「容易にペーシングできない」「自分の価値観を曲げてでもする必要があるのか？」と言う方もいるでし

ょう。

しかし、部下も部下で同じように思っています。お互いこれでは信頼関係はできません。合わせるというよりは、〝そういう考え方もあると認める〟ぐらいの気持ちで行うとよいでしょう。

部下は自分を理解しようとしない上司や、否定する上司にはついてはいかないのですから。

考え方・感情のペーシングができていないと部下からどのような評価を受けるでしょうか。

【悪い例】

①部下　「仕事は、お金を得るための手段ですよね。私は趣味の時間も大切だと考えています」

上司　「そんな甘い考えでどうする！　趣味の時間も大切だとぉ。ふざけるな！」

部下　「(まったく、頭の固いオッサンだな。まあ、ここは謝っておくか……)」

②部下　「○○部のアウトソーシング要員を3名追加で申請させてください。3ヵ

月前から急に受注が増え、残業が増えてきています。ミスも目立つようになっていて……」
上司　「君のところだけ増やすことはできないな。予算は限られている。バランスもあるしな……」
部下　「(まったく、わかっていないオヤジだな。他の部は目標達成だってしていないじゃないか！)」
③部下　「最近どうも身体の調子が悪くて…。疲れているんです」
上司　「みんな疲れているよ。若いんだから頑張れ」
部下　「(そうは言ってもなぁ。どこか具合が悪いんじゃないかな？　病院でも行ってみるか)」

どの上司も部下の気持ちや考え方・感情にペーシングできていません。いきなり自分の意見を言っているだけなのです。
ペーシングするには、次のようにするといいでしょう。

【良い例】

①部下「仕事は、お金を得るための手段ですよね。私は趣味の時間も大切だと考えています」

上司「君は趣味の時間も大切にしているんだな。大事なことだよな。しかしお金を稼がないと趣味を充実させる軍資金もできやしないよな」

部下「(そりゃぁそうだ。そこそこに仕事も頑張らなければ)」

②部下「○○部のアウトソーシング要員を3名追加で申請させてください。3ヵ月前から急に受注が増え、残業が増えてきています。ミスも目立つようになっていて……」

上司「そうだな、受注が3ヵ月から増えているな。ところで今のアウトソーシング要員は何人だい？　それと詳しく仕事内容を教えてくれ」

部下「はい！　今の要員は5人です。仕事内容は……」

③部下「最近どうも身体の調子が悪くて…。疲れているんです」

上司「そうか、調子悪いのか……。いつ頃からだ?」

部下「えぇ、かれこれ1カ月になります。最初は……」

いかがでしょうか？　前述の例と比べると、まず部下を理解しようとしていることに気付くはずです。実はこれが「考え方・感情」のペーシングなのです。

これらをすることなしに、自分の意見や感情をぶつけるのは「ディスペーシング（=歩調を合わせないこと）」となり、信頼関係は生まれません。

まず、ペーシングを行い、次に上司としての見解を述べることです。自分のことを受け入れてくれた上司に対しては、部下も受け入れようとするのです。

12 リーディング（部下をリードする）

――自分のペースに部下を乗せていく

前述のペーシングを部下に行うことは、畑を耕すようなものです。質の良い十分な量の作物を収穫しようと思えば、土壌の手入れは欠かせません。瘦せた土地からは十分な作物は期待できないのです。部下をリードしようと思ったら、まずはペーシングすることです。

そして、ペーシングをした後で今度はリーディングです。部下のペースを十分に把握し、合わせていけば、リーディングは容易にできます。今度は、上司であるあなたのペースに部下を少しずつ乗せていけばよいのです。

多くのリーダーはペーシングすることなしに、いきなりリーディングをしようと試み失敗します。突然強烈に引っ張れば、切れてしまうのは当然でしょう。「さぁ、いくぞ！」と走り始め、ふと後ろを見たら誰もいなかった。リーダーシップの滑稽さを象徴したよくある例です。ペーシングすることなしにリーディングはできないのです。

左の絵で、ペーシングとリーディングの関係を見ていきましょう。

ディスペーシング

ペーシングからリーディング

もともと上司と部下の間には立場の違いが存在しています。もっと言えば、まったくの別人格ですから、個人的な将来像や利益、価値観の相違が垣根となり同じ土俵に立っていないわけです。同じ会社の同じ課に属していると、同じような考え方をして当たり前だと思うのは間違いです。この時点でいくら理念や方針を伝えようとしても、無理があります。あなたの望むように働いてくれる部下ばかりであれば、リーダーシップの本は不要です。

まずは、同じ土俵に立つことからスタートです。これがペーシングです。本当にペーシングできれば、部下は「自分の立場や状況、価値観が十分に理解された」と感じ満足します。と同時に信頼関係が構築されます。「この上司は自分のことをよくわかってくれている」と思うからです。わかってくれる人には、人はついていくものです。リーディングの土壌ができ上がった状態です。

したがって、あなたの提案や方針に対して、部下は真剣に聞く耳を持ち、行動に移そうとします。部下は自分の将来や目標に到達するためには、この上司の提案が有効であり、ついていくに値すると感じるのです。

第3章
リーダーシップの源泉

やり方は何であれ、人が従ってくれればそれは「リーダーシップ」です。そこで大切になるのが、なぜ人はリーダーに従う気になるのかということです。したがって、相手が何に影響されて行動するのかわかれば、効果的なリーダーシップの方法が見えてくるでしょう。

たとえば、地位もお金もある人に対し「報酬をアップします」では、なかなか動いてもらうことはできません。代わりに社会的地位や名誉が効果的かも知れません。同じ言葉でも、中堅サラリーマンなら、魅力的な一言です。大いにやる気を促すことができます。

このように、リーダーシップには効果的な発揮の仕方と非効果的な仕方があります。人をお金で釣るようなやり方は嫌だなどと考える必要もありません。あなたは源泉を持っているのです。相手を知り、相手がお金で一番従うのだとしたら、報酬を用意するまでのことです。リーダーシップに善悪はありません。つまり、本人の好き嫌いより、効果性で考えることが必要です。

1 リーダーのパワー（影響力）

――パワーはそれを認知する他者がいて初めて成り立つ

人は、なぜリーダーに従うのでしょうか？

それは、リーダーの様々なパワー（影響力）に従うわけです。

ちょうどダムを考えるとイメージしやすいでしょう。ダムに水がいっぱい溜まっていれば、そのエネルギーは膨大です。田畑や飲料水として水が必要なとき、いつでも水を流すことが可能です。工業用水にも活用できます。反対に、水量が少なければ田畑を潤すことはできません。水力発電のタービンを回すこともできません。飲料水にも事欠きます。

リーダーのパワーとは、リーダーが持っているエネルギーの量（ダムの水量）と考えればいいのです。パワーをダムの水量とすると、リーダーシップは、蓄えられた水を必要なときに必要な量だけ放水することにたとえることができます。

状況に合わせて水（パワー）をコントロールすることをリーダーシップだと考えると、パワーとリーダーシップの関係がよくわかります。リーダーシップの源はパワーなのです。

リーダーシップを発揮しようと思っても、パワーがなければ、人は従いません。逆に、パワーがあってもリーダーシップがうまく発揮されなければ混乱を招きます。

パワーという言葉には、腕力で相手をねじ伏せるような強引なイメージを抱く方が多いかもしれません。しかし、パワーがなければ他者に影響を及ぼすことはできないのです。

パワーは『特定の問題領域において、ある行為者が他の行為者の行動に影響を与えうる能力』と定義されます。これは、ともすると強引な力とイメージされがちですが、必ずしも強引な力だけではないのです。

なぜなら、リーダーがパワーを持っていても、集団の認知がなければリーダーシップを発揮することはできないからです。

講演会の席上では、私が「スクリーンを見て下さい」と言えば、社長を始め、皆が私の指示に従ってくれます。講演会という特定の場で、講師という役割（パワー）を与えられているから、皆素直に従ってくれるのです。

パワーやリーダーシップは、それを認知する他者がいて初めて成り立つのです。

心理学者のJ.R.P.French とB.Raven は、人々がリーダーの要求に応え、命令や指示に従う根拠は、以下の6つのパワーであると述べています。

①強制的パワー (COERCIVE POWER)
②専門的（知識・能力）パワー (EXPERT POWER)
③情報的パワー (INFORMATION POWER)
④合法的（地位・役職の）パワー (LEGITIMATE POWER)
⑤人間的（好感の）パワー (REFERENT POWER)
⑥報酬的パワー (REWARD POWER)

ここではこれら6つのパワーについて考えてみましょう。

2 強制的パワー（COERCIVE POWER）

――言うことを聞かない者を腕力で従わせる

強制的パワーの源は、リーダーに対する恐れと不安です。

上司が自分の命令や指示に従わない部下に「お前はクビだ」とか「今度、同じ失敗をしたら、地方営業部に左遷だ」とか強権を発動するとします。部下は、クビにされたり、左遷されたりすることを恐れ、不安を感じるため命令に逆らえません。

上司がこのような権限を持っていると部下に認識させたとき、そこに有無を言わせぬ強制的パワーが発生します。

強制的パワーの最も原始的なものが腕力です。

野生動物の世界では、群れの中で一番力の強いものがボスになります。そして、その地位を脅かす者が出現したら、1対1の決闘の始まりです。どちらかがその地位を諦めるまで争い続けます。言うことを聞かない者を腕力で従わせるのです。力の強い者＝リーダーとなるのです。

人間の子供も同じです。幼稚園くらいまでは、ガキ大将はすぐにわかります。決まって、腕力があり喧嘩が強い、駆け足が早い、鉄棒がうまいなど身体的に優れた子供です。

職場の上下関係においては「言うことを聞かないと痛い目に合わせるぞ」は通用しません。すぐに訴えられてしまいます。そこで、上司は「数字を上げられない者は、減棒処分にする」といった具合に懲罰をちらつかせ部下を服従させようとします。部下は、減俸されてはたまりませんので、命令に従うのです。

大きな声を出す、怒鳴るなども強制的パワーになります。

部下は、大きな声を出されたり、怒鳴られたりすることを恐れ、不安を感じるため、リーダーの指示に従います。大きな声を上げるなど、嫌な感じがするかも知れませんが、いつも理詰めで話せば、効果があるとは限りません。大きな声を出すのは大人気ないなどと考える必要もありません。

遅刻する、約束を破るなど、ごく基本的な勤務態度を正すときや社会人として成熟度の低い部下には、強制的パワーは効果を発揮します。

海兵隊が新兵を一人前の兵士にするときは、強制的パワーを用います。パワーに良い悪いはありません。あるのは効果的か、効果的でないかだけです。あなたが上司として厳しく言えないために、他の部下の信頼まで失ってしまってはいけません。必要なときには、強制的パワーも遠慮なく発揮しましょう。

ただし、注意していただきたいのは、この強制的パワーは、あくまでも他者があなたのことを強制的パワーが行使できる存在であると認知しているときに効果を発揮するということです。

たとえば、上司が部下に、強制的パワーを発揮しようとして、「お前はクビだ」と言っても、その会社で仕事を続ける気のない部下には、効果はありません。また、この上司には自分をクビにする権限がないと思われていても効果はありません。反対に、クビにする権限がなくても、相手がそのように認知していればパワーが発生します。

3 合法的（地位・役職の）パワー（LEGITIMATE POWER）

——所属している組織から与えられるパワー

合法的パワーの源は、地位や役職です。

地位や役職が高ければ高いほど合法的パワーも大きくなります。会社という組織の中では、一般職より課長、課長より部長、部長より社長の方が合法的パワーがあると認識されます。

また、地位の高さだけではありません。どんなVIPでも、交通整理の巡査の指示には逆らえないのです。

「私は、大企業の社長だぞ。私が指示を出せば、1万人の社員が指示に従うのだぞ」と声高に叫んでも、交通整理の巡査に対してはリーダーシップを発揮することはできません。巡査には、社長のパワーより巡査部長のパワーのほうが強力です。

合法的パワーは、組織や集団が与えるパワーなのです。その組織または集団の中では認知されますが、組織または集団の構成員以外には認知されません。

また、合法的パワーだけに頼っていると、組織や集団を離れたときに寂しい思いをするでしょう。

仮に、あなたが課長という役職についているとします。部下はあなたの指示に二つ返事で従います。しかし、それはあなたが課長だからに過ぎません。将来、課長の職を解かれたとき、あなたに従う部下はいなくなります。あなたのパワーは課長の職とともに消えてしまうのです。

あなたが持っていたものは、会社という組織から与えられていた、いわば借り物のパワーなのです。

4 専門的（知識・能力の）パワー（EXPERT POWER）

――仕事上の専門知識や高い技術を持っていると見られること

専門的パワーの源は、専門知識や高い技術力です。

リーダーは仕事に欠くことのできない専門知識や高い技術を持っていると見られることによって、人々の行動に影響を与えることができるのです。どんなときに専門的パワーが発生するのか、5つの事例で考えていきましょう。

【例1】会社では、先輩が新入社員に、ＯＪＴ（On the Job Training）を行います。新入社員はＯＪＴを通して先輩に専門的（知識・能力の）パワーを感じます。先輩の指示に従わなければ、仕事を進めることができないからです。

【例2】専門的（知識・能力の）パワーは、上司から部下、先輩から後輩という関係だけに限って働くわけではありません。パソコンの使い方がよくわからない課長が、新入社員に教えを請うなどということは、日常茶飯事です。

常日頃は、部下に指示を出している課長ですが、このときばかりは新入社員の指示に従います。そうしなければパソコンはいつまで経っても動かないのですから。このとき、専門的（知識・能力の）パワーは、新入社員の側に発生しています。

【例3】○○の専門家、○○専攻の大学教授、医者、弁護士などの肩書きも専門的パワーを発揮します。

たとえば、大学で地震を専門に研究している地質学者がテレビに出演し、「今夜、大規模な地震が関東地方を襲う。私の計算では、確率は70％だ」と発言したらどうでしょうか？　テレビの前の人たちは大騒ぎになるでしょう。

一方、商店街の八百屋の主人が同じ発言をしたらどうでしょうか？　「あのホラ吹きオヤジが……」と言われるだけです。テレビに出るような大学の先生が話すことだから人々は信用するのです。その肩書きに専門的（知識・能力の）パワーを感じているのです。

【例4】専門的（知識・能力の）パワーは、人々がその知識や技術を必要としている場面でだけ影響力を持ちます。人事・労務問題に詳しい人事マンも、異動で販売会社の営業部門に配属されれば、専門的（知識・能力の）パワーを生かすことはできません。

「そんなことより、少しでも販売成績を伸ばす知恵を出してよ」と言われてしまいます。

海外経験が長く語学に堪能なバイリンガルも、外国との取引や外国人と接する機会がなければ、やはり専門的（知識・能力の）パワーを生かすことはできません。

【例5】専門的（知識・能力の）パワーはあくまでも、他者が認知するときに発生します。古くなってしまった知識や技術に人々は、専門的（知識・能力の）パワーを感じません。

昔、商店街には必ず時計屋さんがありました。しかし、今は時計屋さんを目にする機会は減りました。皆、廃業してしまったからです。時計が高級品で、針がぜんまいで動いていた頃は、時計職人にはステータスがありました。しかし、時計が量産され、ぜんまい式の時計が電池式に変わると、修理の技術を学ぼうとする人は希少です。その技術を活用する場所がなくなってしまったからです。専門知識や高い技術を持っていても、学びたい人がいなくては専門的（知識・能力の）パワーを生かすことはできません。

専門知識と言っても、会計事務所に勤めるのでなければ、公認会計士の資格は必要ありません。取引先の個人事業者には青色申告の基礎的な知識があるだけで、専門的（知識・能力の）パワーを発揮することができます。このくらいなら少し勉強すればすぐに身に付く専門知識です。私の経験では、会社に勤めながらでも3年間ひとつのことを勉強すれば、会社の中では右に出る者がいないほどの専門家になることが可能です。

5 情報的パワー（INFORMATION POWER）

――人が欲している情報を持っている、あるいは情報源を知っている

情報的パワーの源は、人々が価値を認める情報を所有していたり、貴重な情報を入手できることです。この情報的パワーは前述の専門的パワーと非常に似ています。異なっているのは、必ずしも自分自身の専門性は高くなくてもよいことです。人々が欲している情報源を知っていると認識されればパワーが生まれます。

たとえば、中国に新しい工場を建設しようと考えます。しかし、現地の情報がまったくわかりません。政府の規制は？　関税は？　為替レートは？　リスクは？　環境問題は？　建設予定地は？……、何もかもわかりません。このようなとき中国政府や当局の情報を持った人がいれば、ぜひ話を聞いてみたいと思うでしょう。このとき情報がパワーの源となるのです。

この場合、実際に情報を持っているか、持っていないかは問題ではありません。情報を持っている人物であると他者から認識されれば、情報的パワーは発生するのです。情報源を持っている人との繋がりがあると認識された場合もパワーが発生しま

す。

したがって、あなた自身が情報を持っていなくても情報的パワーを発揮することはできます。たとえば、あなたが、「明日は大雨だから、屋外イベントは中止した方がよい」と言っても、誰も信用してくれません。ところが、「テレビの天気予報で、明日は雨と言っていたから屋外イベントは中止したほうがよい」と言えば、あなたの発言は気象予報士の発言と同等の情報的パワーを持つことになります。

現代はドッグイヤーと呼ばれるほど情報刷新のスピードが速くなっています。当然、私たちはすべての情報を収集することはできません。そこで、どうすれば貴重な情報を入手できるのかがわかっている人にも、情報的パワーが発生します。

コラム

興味あるテーマを新聞やインターネットでチェック

弊社はコンサルティング会社です。企業に出向きコンサルテーションをしたり、講演をしたり、事務所で本を書いたりするのが業務です。多くの自動車メーカーや販売会社から仕事をいただいています。しかし、私は車を1台も売ったことがありません。自動車会社に勤めたこともありません。それなのになぜ自動車会社から仕事がくるのでしょうか？

弊社には、調査やコンサルテーションを通じて自動車販売に関するたくさんの情報があります。これが情報的パワーです。

経済の動向を見るために、経済新聞に目を通します。業界の動向や各社の動きをつかむためには、業界新聞を読みます。インターネットでも調べます。しかし、すべてを覚えておくことはできません。そこで、どのような情報がどこにあるのかだけを覚えておきます。必要なときにそこから引っ張り出せばいいのですから。

さあ、自分の仕事に関係があり、興味のあるテーマを探してみましょう。そして、新聞には何が書かれているのか読んでみましょう。少し時間の空いたときにネットサーフィンをしてみましょう。私の経験ですが、3年であなたは、そのテーマの情報通になれるはずです。コツは、興味のあるテーマです。

興味のあるテーマがクリスマスツリーの幹のようになり、関連情報を引きつけて綺麗に飾り付けてくれることでしょう。

6 人間的（好感の）パワー（REFERENT POWER）

——「人徳がある」ことや「顔が広い」と思われること

人間的（好感の）パワーの源は、個人的な特質です。「人徳」と言い換えてもよいでしょう。

リーダーの性格やその人のコミュニケーションパターンが、好感を持たれ部下に好かれます。部下はリーダーとの一体感や意気を感じ、リーダーに従います。また、リーダーの情熱的な仕事振りや真摯な態度に、部下は心を動かされるのです。

人間的パワーと言っても、何も大げさに考える必要はありません。あなたの言動の中に人間的（好感的）なパワーを感じます。部下はあなたの言動を変えるだけで今すぐにでも発揮できるパワーなのです。

応接でお客様にお茶を出してくれた女性社員に「ありがとう」と言っていますか？上司が接客しているお客様にお茶を出すのは「当たり前」などと思っている人に人間的なパワーは発生しません。

【例】　残業で遅くなったときは　→　「遅くまでいつも悪いね」
　　　急ぎの仕事を頼んだときは　→　「助かったよ、これでプレゼンに間に合うよ。ありがとう」

このような些細な一言が人間的（好感の）パワーを生み出すのです。そして、部下はあなたの依頼事に素直に従ってくれるようになります。

人間的パワーの中には、関係的（コネクション）パワーも含まれます。重要な地位・立場にいる人との関係＝コネパワーとして働くのです。多くの人々は、社会的に影響力がある人から好感を持たれたい、あるいは彼らと付き合うことにメリットがあると考えます。

〝コネ〟と聞くと、何かズルいものというイメージをお持ちになる方もいるかもしれません。しかし、これは立派なパワーなのです。〝人脈〟と言い直してもよいでしょう。

「総務部のAさんは、取引先の有力者のコネで入社したらしい。コネがある奴はいいよな」などとやっかみを言う人は、コネを持っていないからです。このパワーを発揮する、しないかは個人の価値観です。しかし、立派なパワーであることを忘れないでください。

ライオンズクラブ、JC、若手経営者の会、異業種勉強会、ニュービジネス研究会、ネットワーク、アライアンスなどはすべて、関係を強化するための方策なのです。

同じ会社内でも、まったく同じことです。たとえば、あなたが新商品の開発プロジェクトのリーダーを務めていたとします。その仕事を成功させるためには、顧客からのヒアリングが不可欠だとします。営業部門にリサーチを要請する必要があります。

このような場面で、あなたは営業部門に顔が利きますか？ ヒアリングの結果によっては、設計部門に変更を申し出る必要が発生するかもしれません。それを受けての設計変更を開発部門は、快く引き受けてくれるでしょうか？ これらすべてが人間的(好感の)パワーや関係に関わっているのです。

7 報酬的パワー（REWARD POWER）

――お金だけではなく、どれだけのバックを与えることができるか

報酬的パワーの源は、報酬を与えることができるかどうかで決まります。会社の中では部下は上司の権限で昇給、昇進といった報酬を得られると認識しているため上司に従います。会社の中では人事権が強力な報酬的パワーです。人事考課次第で、その後の出世や収入に大きな影響があります。部下は上司に従っておいて損はないと考えるわけです。

当然、報酬の大小によってその効果は大きく変わります。「今回のプロジェクトを成功させたら、課長に昇格させるぞ。年棒も100万円アップだ」と、「今回のプロジェクトを成功させたら、金一封1万円だ」では、報酬的パワーの大きさが違います。

報酬と聞くと給料やインセンティブ、ストックオプションなど金銭面の報酬だけと考えがちですが、部下の行動を承認する、誉めるなども非常に強い報酬のパワーを発揮します。このことについては、第7章で詳しく述べます。

8 パワーの効果は組織や集団の特徴によって異なる

――どのパワーをどのように使うか

◆組織や組織の構成メンバーの成熟度合いによって異なる

J.R.P.French と B.Ravenは、組織の状況や組織を構成する人々の『成熟度合い』によって6つのパワーの効果が異なると述べています。

成熟度の高い組織・専門集団

・専門的（知識・能力の）パワー（Expert Power）
・情報的パワー（Information Power）
・人間的（好感の）パワー（Referent Power）
・合法的（地位・役職の）パワー（Legitimate Power）
・報酬的パワー（Reward Power）
・強制的パワー（Coercive Power）

成熟度の低い組織・集団

矢印のように、組織や集団の成熟度により効果的なパワーが変化するのです。

たとえば、飯場などの、日当での日雇い労働者が多い職場は、一般に組織として未成熟だと認識されます。言葉で物事を諭すより、腕力（強制的パワー）で統率力を発揮するほうが容易に人が動きます。

次に、日当（報酬的パワー）です。日当の金額で、労働者は現場を選びます。そして、次が現場監督などの役職者（合法的パワーを持っている人）に気に入られることが重要です。なぜなら、現場監督が仕事の配置をするからです。同じ日当をもらうなら、つらい仕事より楽な仕事のほうがいいので、そちらに配置してもらえたほうが都合がいいからです。

一方、高い専門的知識が必要な会計部門の組織内においては、専門的（知識・能力の）パワー・情報的パワーが効果を発揮します。専門的な財務知識がなければ、会社の膨大な資金を効率的に運用することはできないからです。

◆パワーは組み合わせると、さらにパワーアップする

これら6つのパワーは単独で他者に認知されているわけではありません。

たとえば、会社の社長の場合、合法的（地位・役職の）パワーの大きさは、その会社の中ではトップです。この社長の技術が会社の業績向上に大きく貢献したなら専門的（知識・能力の）パワーも持っているでしょう。

業界内の人的なネットワークを持っているなら、情報的パワーも持っていることになります。さらに、この社長がバリバリ仕事をこなし、人望があれば、人間的（好感の）パワーがプラスされます。

つまり、これらのパワーが相乗効果を発揮するのです。

これは、社長でなくても同じことです。役職はなくても、後輩の面倒見が良い人は後輩から慕われます。ここでは人間的（好感の）パワーが発揮されています。部下の話をよく聞き、小さなことでも誉め、部下の行動を承認すれば報酬的パワーが発揮されます。

合法的（地位・役職の）パワーはなくても、インフォーマルなリーダーとして人々にパワー（影響力）を発揮する場面は少なくありません。

組織から与えられるパワーは、合法的（地位・役職の）パワーだけです。それ以外は、与えられるものではなく、自分自身で創り上げるパワーです。

◆パワー（影響力）に善悪はない

6つのパワーに善悪はありません。高級、下級もありません。すべてリーダーが本来持っていて、使うことのできる、リソース（材料）なのです。

どのパワーを啓発するかは、あなたの選択です。属している集団や組織によっても、どのパワーが有効かは異なるでしょう。

そして、状況に合わないパワーを使ったときにミスマッチが起こります。つまりパワーが利かない状況に陥るわけです。大切なのは、効果的かどうかです。効果のあるパワーを啓発し、使いましょう。

また、本来持っていても長い間使わなければ、いざというときにさび付いて使えなくなっていることがあることを忘れずに。

コラム 『プロジェクトX』→ 人間的（好感の）パワー

ＮＨＫで『プロジェクトX』というテレビ番組がありました。困難な課題に立ち向かい、悪戦苦闘の末、見事にプロジェクトを成功に導く様子を取材した番組です。困難で達成不可能とも思えるプロジェクトに携わったリーダーが壁にぶつかります。そして悩んでいるとき、周りで見ていた部下たちが奮起します。リーダーを助けようと立ち上がるのです。

見たことのある方も多いと思いますが、この番組で共通していることは、リーダーが大変魅力的で部下から好かれているということです。このとき、部下を動かしているのが、リーダーの人間的パワーです。もし仮にこのリーダーたちに人間的パワーが欠けていたのなら、この番組の出演依頼はもちろん、このような成功ストーリーは生まれなかったことでしょう。

第4章

聞き方が上手いリーダー、下手なリーダー

〝聞き方〟の章を叱り方、ほめ方の前に持ってきたのには理由があります。聞き方はリーダーにとって非常に重要なことであるにも関わらず、苦手な人がとても多いからです。そして、多くのリーダーが抱える課題だからです。

なぜ、リーダーは話を聞くことが苦手なのでしょうか？　それは、自分より社会的地位や役職、年齢の低い者の考えや意見は、「取るに足らない内容だ」と考えてしまう人間心理があるからです。つまり無意識のうちに拒否反応を起こしているからです。

若い部下に何かを提案されたときリーダーの潜在意識は、自分の尊厳が脅かされたと感じています。その結果、リーダーの意識は自分の尊厳を冒される前に、「部下の考え」＝「取るに足らない意見」と考え、排除しようとするのです。

リーダーはこの事実を頭に入れておかなければなりません。そして、部下の意見を否定したくなったら思い出してもらいたいのです。もしかしたら、部下の意見は新しく斬新なアイデアかもしれない、自分の意見こそ状況に合わない古い考えかもしれない、と。

1 リーダーは聞くことが苦手
――部下の話は取るに足らないものと考えがち

◆人は話すことで癒される

まず、部下の側からリーダーに話すときの心理を考えてみましょう。

なぜリーダーに話をするのでしょうか？　自己アピールやごますりもあるでしょうが、自分の話を聞いてもらいたいのです。自分をわかって欲しいと思っているのです。

心理学者のカール・ロジャースは「人間は話をすると癒される」と言っています。言葉を話すことは、ストレスを放す＝解放することなのです。人間は自分の話を真剣に聞いてくれる人を決して嫌いになることはないのです。

バキュームのように自分のストレスを吸い取ってくれる上司は、自分にメリットをもたらしてくれる大切な存在です。自分に活力を再び与えてくれる上司は尊敬に値するわけです。

これは上司にとって願ってもないことです。これだけでもリーダーシップの半分は、手中に入れたも同然だからです。なぜなら、人は自分の話を聞いてくれる人の話をよ

く聞くからです。（返報性の法則）

あなたが出す方針や決定事項に従ってもらうためには、まず部下の話を聞くことが先決なのです。

たとえ、話を聞くことで一時的に仕事の効率は落ちても、しっかり話を聞いてくれたと感じた部下は、その後、自分が一生懸命動くことでリーダーのあなたに貢献してくれます。

◆聞き方のテクニック……真剣に聞いていると認識させる

さて、聞くことの重要性をおわかりいただけたところで、次に、その聞き方のテクニックに話を移しましょう。

自分は部下の話をよく聞いていると思っていても、部下はそう思っていないことがよくあるのです。

リーダーとして人望を集める人の聞き方とは、自分が部下の話を真剣に聞いていると認識させていることです。つまり、「私はあなたの話を聞いている」というメッセージを送りつづけているのです。

あなたはどのような話の聞き方をしていますか？

以下の項目の順に沿って、聞き方の訓練をしてみましょう。驚くほどに効果が出てきます。

① 聞く姿勢を作る

　　a) 仕事の手を止める

　　b) オープン姿勢・クローズド姿勢

② アイコンタクト

③ うなずく

④ あいづちを打つ

⑤ リフレクティング（オウム返し）

⑥ 要約する

⑦ 質問する

⑧ 口を挟まない　　（→　⑨ 癒される）

2 聞く姿勢を作る
——まず姿勢を部下に向ける

◆仕事の手を止める

部下は、上司のあなたが、自分の話を聞いているのか、いないのか、どこで判断するのでしょうか？　それはあなたの姿勢です。部下は話しながら上司が自分の方を向いているのかどうかを見ています。

書類に目を通しながら、パソコンの画面を見ながらの、〝ながら動作〟では、部下はしっかり話を聞いてもらっていると感じられません。声を耳で聞いているだけでは不十分なのです。

部下が話し始めたら、まず仕事の手を止めます。これで部下は上司が時間を割いて自分の話を聞く準備をしてくれたと認識します。もちろん緊急の仕事で手が離せないときには事情を説明して、ハッキリと断って構いません。そして、いつなら応じられるのか、部下に伝えればいいのです。

中途半端はいけません。実際、仕事をしながらでは、表面的には聞くことができても深いところまで理解することは困難です。再度聞き直すということが発生するかもしれません。これでは、部下から信頼されませんし、非効率そのものです。

また、部下にとってはしっかり聞いてくれない人に話をするくらい、むなしいことはありません。かつて、あなたの上司にこのようなタイプはいませんでしたか？　その上司にどんな印象を持ちましたか？　自分の話を聞いてくれないような上司を信頼し、リーダーシップを感じることができたでしょうか？

リーダーから「私はあなたの話を真剣に聞いていますよ」という強力なメッセージを送ることが重要です。まず姿勢を部下に向けましょう。

◆クローズド姿勢・オープン姿勢

次に、姿勢（ポーズ）です。部下の話を聞くときに腕組みはいけません。腕組みはクローズド姿勢の代表選手です。つまり、閉ざされている姿勢なのです。閉ざされた人に、積極的に話をしようという気にはなりません。

人間はどんなときに腕を組むでしょうか？　何か考えごとをしているときに腕を組みませんか？　人は自問自答しているときに自然と腕を組みます。心理学で言う「内的会話」の状態です。何か物事を考えたり悩んだりしているときのポーズなのです。

もう1つあります。相手を警戒していたり、聞きたくない話を聞かされているときに、腕を組むことがあります。つまり、自己防衛しているのです。いずれにせよ、腕組みは「私に話し掛けないで」という無言のメッセージなのです。

その他の顕著なクローズド姿勢として、背中で話を聞く、横を向いて話を聞くなどがあります。「聞く気なし」と相手は判断します。

一方、オープン姿勢というのは、開かれたポーズのことです。例えば、腕や手を広げた姿勢です。腕の壁を取り払い身体を相

手に見せるのです。手のひらを上に向けるのもいいでしょう。

さて、このクローズド姿勢とオープン姿勢、試しに、どちらの人に声を掛けやすいか考えて見てください。

どうですか？　私たちは、自然に声を掛けやすい人（オープン姿勢）と掛けにくい人（クローズド姿勢）を識別しているのです。

相手の話を聞くときのポーズは、オープン姿勢が鉄則です。腕組みが癖になっている人は要注意です。部下は相談があっても、今はそのタイミングではない、と判断してしまいます。

あなたのボディーランゲージが「話しかけないでくれ」と無言のメッセージを送っているのです。

3 アイコンタクト

——鼻から口元、のど、ネクタイの結び目を見るくらい

アイコンタクトといっても、相手の目をじっと見るということではありません。じっと見つめられて心地いいのは恋人くらいです。

大抵の人はじっと見られると、プレッシャーを感じて、気詰まりになってしまいます。会話をするときは、相手の鼻から口元、のど、ネクタイの結び目を見るくらいが、相手にとって心地良い目線の位置です。

ただし、避けた方がいいときがあります。たとえば、鼻に大きなホクロやしみがある、ネクタイの結び目にしみがあるような場合は、その部分を避けるのが無難でしょう。鼻に大きなホクロがあるならネクタイの結び目、ネクタイの結び目にシミがあるなら鼻、といった要領です。

相手の目線が動いたことをすぐに察知できる位の所を見ているのが自然だということです。こうしていれば、お互いに違和感もなく、あなたは相手の状況を無理なく知ることができるというわけです。

ここ一番のときは、直接相手の目を見ます。たとえば、部下があなたに重要な相談を切り出すその瞬間や深刻な問題を訴えてきたときなどです。このような場合は、しっかりと相手の目線を受け止めましょう。部下には、頼りがいのある上司と映るはずです。

また、あなたが重要な指示や用件を部下に伝えるときは直接目を見て話します。目は口ほどにものを言うものです。目線ひとつで部下は動かせるのです。もちろんこの場合も、じっと目を見つめてはいけません。だいたい3秒くらいアイコンタクトしたら、一度目線を外します。3秒以上見つめると、プレッシャーを与えてしまうからです。

アイコンタクトの外し方は、目線を縦に動かすのが基本です。横に動かしてはいけません。目が泳いだように見えるので、上司は自信がないのではないか、意思決定を避けたのではないかと、部下に不信感を持たれてしまいます。

部下が考え込んでいるときは目を見てはいけません。部下を追いつめたり、急かしたりするような印象を与えてしまいます。

アイコンタクトとは、目線と目線を合わせることと解釈するのではなく、目を中心に見ながら、顔の一部を見ると解釈すればいいということです。

部下があなたのデスクに何かの相談や報告に来たら、まず相手の目を見てアイコンタクトします。部下が話し始めたら、一度目線を外し、肝心なところで直接目を見ます。最終的な結論を聞くとき、またはあなたが結論を話すときは、再度、直接相手の目を見てアイコンタクトします。

このような流れで実践してみてください。

4 うなずく

――うなずいていると「話を聞いている」と思う

自分の話を相手が聞いてくれているのか、いないのか、どのように判断するのでしょうか？　実は、私たちは、相手がうなずいているか、いないかを見ているのです。うなずくというのは、首を縦に振っている状態です。つまり、自分の話を肯定している証拠でもあります。「うん、うん」とうなずきながら話を聞いてくれる人には、話しやすいものです。話していても調子づいてきます。

一方、一切うなずくことなしに話を聞かれていると、「面白くないのか？」「聞く気がないのか？」「別のことを考えているのか？」と相手を不安にさせてしまいます。さらに、首を振ったり、かしげたりすれば、話し手はなおさら気になります。したがって、積極的にうなずくことが肝心です。相手は安心します。想像してみてください。

あなたが、楽しい話をしているときに、ニコニコしながらうなずいてくれる人、悲しい話をしているときに目に涙を浮かべながらうなずいてくれる人と、どんな話をしても一切表情を変えず、うなずかないで聞いている人では、どちらが話しやすいでしょうか？　また内容が伝わったと感じるでしょうか？　もちろん前者ですね。

なぜでしょうか？　人間は、情報の83％を目から得ると言われています。つまり、相手がうなずいていると、それが「話を聞いている」というサインだと認識するのです。目に見えるだけに、強力なメッセージとなります。

部下があなたに話をしているとき、とにかくうなずいてください。うなずきはハッキリと目に見えるので、非常に効果があるのです。ただし、一本調子のうなずきや小刻みにうなずきを繰り返すのは逆効果です。いいかげんに聞いているような印象になってしまいます。ときには深く、ときには浅く、相手の話に合わせたうなずきが必要です。

上司がうなずきながら話を聞いてくれれば、年齢や階層の離れた上司と話すことに抵抗がある若手の社員にとって、これほど話しやすいことはないのです。うなずきによって、多くの部下から信頼を集めることができるのです。

5 あいづちを打つ

――「話を聞いていますよ」というメッセージを声に出して伝える

上司がじっと黙って聞いていたのでは、部下は自分の話が理解されているのかどうか不安になります。自分の話に興味を持ってくれているのかどうなのか、反応が欲しいのです。「私はあなたの話を聞いていますよ」というメッセージを声に出して伝えることで、部下は承認されたと感じます。

この段階では、部下の言い分に同意しているのかどうかは問題ではありません。まずは、聞いているというサインを出してあげることです。

【例1】

部下　「A商事の件で相談があるんですが」

上司A　「それで……」

部下　「もう少し売上を伸ばすことができないかなと考えているんです」

上司A　「それで」

部下　「実は、A商事に新しい提案を持っていきたいと考えているんです」
上司A　「それで」
部下　「今週末までに企画書を作りますので、ぜひ目を通してください」
上司A　「わかった」

【例2】
部下　「A商事の件で相談があるんですが」
上司B　「それで」
部下　「もう少し売上を伸ばすことができないかなと考えているんです」
上司B　「なるほど」
部下　「実は、A商事に新しい提案を持っていきたいと考えているんです」
上司B　「いいねー」
部下　「今週末までに企画書を作りますので、ぜひ目を通してください」
上司B　「よし、わかった」

ただのあいづちですが、かなりイメージが異なりますね。ワンパターンのあいづちでは、部下の心は引き付けられません。あなたが上司を選べるとしたら、上司Ａさんにしますか？　それとも上司Ｂさんですか？

「はい」　　　　「そうだね」
「いいねー」　　「その通りだね」
「なるほど」　　「もっともな話だ」
「へー」　　　　「いやー」
「感心だね」

納得したり、驚いたり、感心したりする気持ちをあいづちの種類を増やすことで表現するのです。

抑揚をつけ、バリエーション豊かにあいづちを打つことによって、部下はあなたにリーダーシップを感じ始めます。

それから、よく使われているあいづちで禁句が１つあります。それは

です。「その気持わかるよ。ま、組織というものは……」、本当でしょうか？　人の気持ちなどそんなに簡単にわかるはずがありません。部下は「何がわかると言うんだ」と反感を抱きます。軽く言ったり、連発してては、絶対にいけません。

「わかる」

今まで、自分のあいづちを意識したことがありますか？　ほとんどの方は意識したことはないと思います。人間の言動のうち9割は無意識の言動だと言われています。無意識で行っていることは、変えることはできません。ですから、まず意識することからです。

当初、意図的にあいづちを打つことに抵抗があるかもしれません。しかし、意識して実行しなければ何も変化は起こりません。すぐにぎこちなさもなくなりますので、早速、試してみてください。あなたのあいづちが変わることで、部下の反応も変化することでしょう。

6 リフレクティング（オウム返し）

――相手の話をしっかり受け止めていると認識させる

次に、リフレクティングです。リフレクティングとは〝反射・反響〟という意味ですが、ここでは会話の中で相手の話した言葉をそっくりそのまま繰り返すことを指します。こうすることで、話をしっかり聞いていると部下に認識させることができます。日本語では〝オウム返し〟と呼ばれます。

会話はよくキャッチボールにたとえられます。Aさんが投げたボールをBさんが受け取る。次に、Bさんが投げてAさんが受け取る役になる。しかし、上司と部下の会話ではキャッチボールになっていないことが多いのです。上司は部下の投げてきたボールを受け取らずに、打ち返してしまいがちです。これでは、部下は自分の話が上司に伝わったと感じることができません。

人間には、「自分のことを理解して欲しい」「自分の言ったことを受け止めて欲しい」という欲求があるのです。あなたのほうから「あなたの話はしっかり伝わっているよ」というメッセージを部下に送りましょう。部下は、自分の話を聞いてから判断してくれる上司として、あなたにリーダーシップを感じます。簡単ですが、強力なテクニックです。

【例1】

部下　「A商事の件で相談があるんですが」
上司A　「なんだね」
部下　「もう少し売上を伸ばすことができないかなと考えているんです」
上司A　「いつも言っているだろう。それを考えろって。何かいいアイデアでも思いついたか？」
部下　「実は、A商事に新しい提案を持っていきたいと考えているんです」
上司A　「それで」
部下　「今週末までに企画書を作りますので、ぜひ目を通してください」
上司A　「今度は、期待していいんだな」

【例2】

部下　「A商事の件で相談があるんですが」
上司B　「A商事の件ね」（リフレクティング）
部下　「もう少し売上を伸ばすことができないかなと考えているんです」
上司B　「売り上げを伸ばすことか」（リフレクティング）
部下　「実は、新しい提案を持っていきたいと考えているんです」
上司B　「いいねー。新しい提案か」（リフレクティング）
部下　「今週末までに企画書を作りますので、ぜひ目を通してください」
上司B　「わかった。今週末だな。時間を空けとくよ」（リフレクティング）

上司Aさんは、部下の話を受け止めることなく打ち返しています。一方、上司Bさんは部下の言葉をリフレクティングしています。だいぶイメージが違いますね。

当然、すべてをリフレクティングする必要はありません。そんなことをしていたら、話が前に進みません。ポイントをつかんでその部分だけリフレクティングすればいいのです。

【例3】

部下「先週、取引先のA社とトラブルが発生して、困っています」

上司「困っている?」(リフレクティング)

部下「ハイ、実は、……」

※部下の「困っている」という訴えにリフレクティングしています。

【例4】

部下「一生懸命頑張ったのですが、結局、うまくいきませんでした」

上司「頑張ってくれたんだね」(リフレクティング)

部下「はい。でも結果が出なかったので……」

上司「結果だけがすべてではないだろう」(リフレクティング)

部下「ありがとうございます。そう言っていただけると気持ちが楽になります。また次から頑張ります」

※「頑張っている」「結果」という言葉にリフレクティングしています。

部下の感情を表現した言葉をリフレクティングすることで、落ち込んでいる気持ちを次の仕事の活力に変えることができます。

このように、感情を表現した言葉をリフレクティングすると、部下は自分の気持ちをわかってもらえたと認識します。上司と部下という関係だけでなく、人間としての関係が構築されたと感じ始めます。

また、リフレクティングには、相手の考えを整理させる効果もあります。自分の考えや主張を論理立てて話せる人は決して多くはありません。大抵は、話しているうちに脱線したり話の前後が逆になったりします。このようなときにもリフレクティングが効果を発揮します。

【例5】

部下「部長。大変なことが起こりました」

上司「一体どうしたんだ」

部下「はい。新商品の納期の件ですが、全然間に合いそうにありません」

上司「なぜだ？」

部下　「はい。先程、シアトルの港湾労働者のストの影響で船便が10日遅れると連絡が入ったのです」
上司　「何か他に手段は考えられないのか?」
部下　「これではまったく手の打ちようがありません。取引先のA社には無理を言って、キャンペーンの時期を早めてもらっているのです」
上司　「だから、あれほど気をつけろと言っていたじゃないか」
部下　「申し訳ありません。私の不注意で」
上司　「不注意では済まない問題があるんだ。一体どうするつもりだ」
部下　「陸路でバンクーバーまで運ぶという手がないわけではありません」
上司　「そんなことしたら大赤字だ。A社に行って、事情を伝えて来い」
部下　「はい。わかりました」

【例6】
部下　「部長。大変なことが起こりました」
上司　「大変なことが起こった?」（リフレクティング）

部下　「はい。新商品の納期の件ですが、全然間に合いそうにありません」

上司　「全然間に合いそうにない」（リフレクティング）

部下　「はい。先程、シアトルの港湾労働者のストの影響で船便が10日遅れると連絡が入ったのです」

上司　「ストで船便が遅れる？」（リフレクティング）

部下　「これではまったく手の打ちようがありません。取引先のA社にも無理を言って、キャンペーンの時期を早めてもらっているのです」

上司　「まったく手の打ちようがないか？」（リフレクティング）

部下　「はい。まあ、まったくという訳ではありません。コストはかかりますが、陸路でバンクーバーまで運ぶという手があります」

上司　「陸路でバンクーバーか、それは、コストがかかるな」

（リフレクティング）

部下　「はい。コストが……でも、新商品のキャンペーンに使う分だけ航空便で運び、その後船便を待つという方法はどうでしょうか？」

上司　「それなら。取引先に迷惑をかけることもないし、コストアップも最小限

部下　「はい。それでは早速手配致します。貴重な助言をいただきまして、ありがとうございます」

【例5】では、部下の信頼どころか取引先での信頼も失ってしまいます。一方【例6】では、当初混乱していた部下が、上司のリフレクティングによって自分の考えを整理していく様子がわかります。上司は、特別な指示をしたわけではありませんが、見事に問題が解決できました。

非常に効果的な話法ですが、リフレクティングには、犯しやすい間違いもあるので注意が必要です。それは、類似した別の言葉を返してしまうことです。

【例7】

部下　「先日のカンファレンス、非常に興味深い内容でした」

上司　「非常に感心したのだな」

部下　「いや、感心するほどではなかったのですが……」

部下は「興味深い」と言っただけで、感心するほどではなかったと反発されてしまうケースです。相手の言った言葉をまったく同じに繰り返すことが重要です。自分には同じ意味でも、相手も同じ意味と解釈しているとは限らないのです。
最後に、見当違いのリフレクティングも部下を失望させます。

【例8】
部下「先週取引先のA社でトラブルが発生して、対策について自分なりに案をまとめたのですが、お知恵を拝借できないでしょうか」
上司「トラブル!!　それは大変だ。いったいどんなトラブルだ!?」
部下「はっ、はい。そっ、それは……」

上司はトラブルをリフレクティングしてしまいました。このとき部下は、トラブルが大変だとは感じていませんでした。案をまとめたので、これでベストかどうか、対処の方法について上司の承諾を得たかっただけなのです。
それにも関わらず、上司はトラブルという言葉に過敏に反応してしまいました。そして部下を慌てさせています。

【例9】
部下「先週取引先のA社でトラブルが発生して、対策について自分なりに案をまとめたのですが、お知恵を拝借できないでしょうか」
上司「わかった。君の対策はどのようなものだ?」
部下「はい。実は、トラブルというのは……。それで私としては……」

上司は、部下が判断を仰ぎたがっている対策を、意の一番にリフレクティングしています。これによって部下は自分の意図が伝わったと安心します。そして対策を述べる前には、当然トラブルの内容を上司に伝えなければならないので、順を追って話し始めるわけです。

実に簡単ですが、部下の気持ちを引き付けるリフレクティング。早速、次の会話から試してみてください。部下は「自分のことを十分理解してくれる上司」とあなたを認識し始めます。

7 口を挟まない

――部下の話をすべて聞いてからあなたの話を始める

部下が話しているとき、上司であるあなたは途中で口を挟んではいけません。仮に、話したい欲求に駆られても、決して話してはいけません。

上司であるあなたは「黙れ」「それは違う」「これからは、このやり方でやれ」と強権を発動することもできるでしょう。しかし、話しているときの人間の脳は、ちょうど水がいっぱいに入ったコップのような状態なのです。水はいっぱいに入っているのですから、注ぎ足してもこぼれるだけです。一度飲み干してやらなければ、水を注ぎ足すことはできません。

こう言うと、「甘えたことを言ってきたり、すぐに弱音を吐いたり、トンチンカンな話まで聞く必要があるのか」という反論が聞こえてきそうですが、あなたが途中で口を挟んで部下を渋々従わせても、部下はポジティブな気持ちで仕事には向かわないのです。少々時間はかかりますが、部下の話をすべて聞いてからあなたの話を始めたほうが効果的です。

すべてを話し終えた部下は、ちょうどコップが空になった状態です。あなたの話を聞く体制になっているのです。意見が一致するかしないかは別として、少なくともあなたの話は部下の耳に入っていきます。

上司であるあなたのほうが、その仕事について詳しい場合や、すでに自分が経験してきたことに関しては、なおさら口を挟みたくなります。最初は部下の話を聞くつもりになっていても、途中から自分だけが話をしているということがよくあります。まず、部下の水を飲み干してから、あなたの水を注ぐことです。

自分の話に口を挟まれ納得のいかない部下は、会社帰りに同僚を居酒屋へ誘います。部下の話したい欲求は、居酒屋で初めて解消されます。酒の肴はズバリあなたでしょう。そして、翌朝、部下は朝礼であなたの話を聞かないことで、仇を討つのです。

部下は、自分の話に耳を傾けてくれる上司の話はよく聞きます。自分のことを理解してくれていると感じる人の話には、素直に耳を傾けるということを、常に頭に入れておきましょう。

第5章
叱り方の上手いリーダー、下手なリーダー

最近、部下を叱れない上司が増えているようです。私たちの講演会や研修会でも「どのように部下を叱ればよいのかわからない」という声を聞きます。部下の失敗や、明らかに部下に落ち度があるのに指摘できないというのです。

また、子供を叱れない親も増えています。電車やレストランなど、公共の場で子供が騒いでいても、知らん顔の親もいます。昔は近所に怖いオジさんやオバさんがいて、知らない子供でもイタズラをすると叱っていたものですが、そういうことも少なくなってきました。

世の中全般に人を叱ることが減ってきているようです。しかも、「誉めて育てる」ということが今ちょっとしたブームです。

やはり、「叱る」より「誉める」ほうが部下が育つのでしょうか?

実は「誉める」「叱る」どちらか一方に限定する必要はありません。そのどちらでも、部下が動いてくれればいいのです。リーダーにとって大切なことは部下が動いてくれることなのです。どんな状況にも通用する〝万能薬〟はないのです。

本章では「叱る」の観点で、方法をご紹介していきます。活用できそうなものから実践してみましょう。

1　「叱る」の意味はこう捉える

――部下に現在の行動を変えて欲しいから叱る

◆何のために部下を叱るのかを改めて考える

「叱る」を辞書で引くと、「責め咎めること」となっています。「咎める」を辞書で引くと、「なじる、非難すること」となっています。どうもネガティブな印象を持ってしまいます。

部下指導で使う「叱る」とは「部下の改善点を指摘すること」です。そして、その結果「部下の行動を変えること」です。

私たちは何のために部下を叱るのでしょうか?

それは、部下に現在の行動を変えて欲しいからです。叱っても、部下が相変わらず行動を変えようとしない、もしくはリーダーから見て変わったと思えなければ、叱った意味はなかったことになります。

効果的に叱るためには、まず、「叱る」には第一段階と第二段階があることを知ることが重要です。

◆「叱る」の第一段階――変えるべき行動を認識させる

まず、「現在の行動がいかに非生産的か」ということを、部下自身に知らしめる必要があります。これなくしては目的を達成することはできません。いくら叱っても「自分の行動は非生産的ではない」と部下が思っているとしたら、結局は行動を変えようとはしないからです。

端的な例を挙げましょう。

【悪い例】
リーダー「君は暗いんだよな。もっと明るく元気よくやってくれよ」

こう言われた部下は、次のように心の中で思います。

「どういうことだよ？　オレは暗いなんて人から言われたことはないぞ。なんだ、この人は？　暗いってどういうことだよ！　あんたの前だから暗くもなるんだよ」

しかし、正直に口に出す部下はいません。

「そうですかぁ。わかりました。明るくやるようにします」

部下はこう返答しますが、釈然としない気持ちが残ります。ときに反抗心や敵対心を膨らますでしょう。

これでは部下に不信の芽を植え付けかねません。このような部下が、あなたが期待しているように明るく振る舞うようになるでしょうか？　すぐに行動を変えることができるでしょうか？

一方、リーダーは部下の態度に変化の兆しを感じることができず、こう決めつけたりします。

「まったく、何回言っても駄目だな。やっぱりあいつは根暗なんだ」

これは、第一段階の「部下に理解させる」ことができていないために起こる現象です。

それではどうしたらいいのでしょうか？

次のような言い方であれば、部下も違った反応をするでしょう。

【良い例】傍線

リーダー「君は暗い①印象なんだよな。②なぜかと言うと、私と話すとき、③目を見ないで下を向いていることが多いんだ。それに呼ばれたとき、④『は～い』と語尾が小さくなるだろう？　それが、どうも⑤暗く感じさせるんだよな」

①で、「暗い」と断定せずに、「暗い印象」という言い方をしています。「暗い」「明るい」などは、印象やイメージであって事実ではありません。印象やイメージを断定的に言うと、人は反発することがあります。特にネガティブなことに対しては過敏です。

人の能力や性格について話すときも同じ注意が必要です。「君は能力がない」や「あなたはケチだね」と言えば、「そうじゃない」「私のことを、知りもしないのに何を言う」と、同様に反発心が芽生えるのです。

こういうときは、「○○に見える」「○○に感じる」「○○に聞こえる」「○○と思う」と言うことです。これによって随分と部下に与える印象が変わります。とくにネガティブなことを言うときは、相手の心に強い影響力を残すので、気を遣うことが必要です。

②で、「なぜなら」と理由を述べようとしています。理由を述べずに、自分の印象やイメージだけを言っても相手には伝わりません。部下は「この上司は自分のことを暗いと思っている」ということだけしか伝わらないのです。理由がなければ理解できないのも当然のことです。とくに「自分は暗くない」と部下が思っていたら、なおさらです。印象には理由をセットで述べることが大切です。

③「目を見ないで下を向いている」と④「語尾が小さくなる」で、理由となる事実を述べています。ここで大切なのは、〝事実〟を述べることです。目を見ないで下を向いている、「は〜い」と語尾が小さくなる、というのは明らかな事実ですが、自分では気付いていません。〝事実〟をどれだけ正確に指摘できるかが勝負です。

⑤「暗く感じさせる」で、③「目を見ないで下を向いている」と④「語尾が小さくなるの〝事実（行動）〟と、その事実から持たれる〝印象〟を結びつけています。因果関係がハッキリするため、部下は納得せざるを得ません。そして、自分のどういう行動がリーダーに暗いと印象付けるのか、ハッキリと理解するのです。つまり、自分の変えるべき行動が見えてくるわけです。

◆「叱る」の第二段階——どう変えるかを示唆する

第二段階で、自分の変えるべき行動がわかったら、第二段階では、どう変えるかを示唆することです。これが目標になります。変えなければと理解しても、どちらの方角に進むかわからなければ、部下は迷います。そして、方法がわからなければ、諦めるのです。そうならないためには、具体的に示唆する必要があります。「明るく元気よくやれよ」と言われても、部下は即座にどのようにすればいいのかはわかりません。言葉が抽象的であるため、行動として具体化できないのです。

そこで、第二段階では、「どう行動を変えればいいのか」を伝え、わからせることです。

良い例を参照しながらコツをつかんでみましょう。

【良い例】（…第一段階の良い例の続き）
リーダー「だからさ、私と話すときは、①私の顔を見るようにするんだよ。②そうそう、そういう具合だ（部下が自分の顔を見ている様子を確認して認める）。いいぞ。それから、返事をするときも、③「はい」と短く強く言うようにすれば、④明るい印象になる。⑤そうそう、その感じ（部下が「はい」と答えたことに対して）」

①「私の顔を見る」と③「短く強く言う」で、どういう行動をとればいいのかを示唆しています。非常に具体的な言葉で部下に伝えているので、部下もどう行動すればいいか明確になります。

②「そういう具合だ」と⑤「その感じ」で、部下をすぐに認めています。つまり、今現在自分のことを見ている部下に対して、また「はい」と短く強く返事をした部下に対して、即座に「いいぞ」と承認しているのです。これで部下は自信がつきます。「こうやればいいんだ」と納得するわけです。

④「明るい印象になる」では、示唆した行動と、リーダーが望む印象との因果関係がハッキリするわけです。

「○○すれば△△になる」という方程式が生まれるわけです。つまり、「顔を見ると明るい印象になる」「〝はい〟と短く強く言えば明るい印象になる」というわけです。

以上のように、第一段階、第二段階とステップを踏めば、部下はすぐに行動へ移せます。そして、その行動のでき具合によって、再び指摘する必要があります。つまり、「最近、明るくなったね」とクリアしたことを認める。もしくは、行動が足りなければ「大分よくなってきた。もう少し語尾をキッチリ言うともっといいぞ」という具合です。

次は、様々な指摘の仕方をご紹介します。

2 効果的な叱り方
――指摘→認識→示唆

【冷静に提案する】

前述のように、叱ることは提案することでもあります。

一時の感情にまかせて、部下にぶつけてしまっても効果は得られません。耐えきれなくなって怒る、こらえきれなくなって怒る、は最悪のパターンです。事実を踏まえながら冷静に提案をするのです。提案は理性的に遂行されなければ、提案ではなくなってしまうからです。

【こまめに出す】

我慢が多ければ多いほど、爆発したときのエネルギーは凄いものです。「堪忍袋の緒が切れた」状態で話せば、部下は驚いてしまいます。そして仮に驚いても、行動を変えてくれればいいのですが、なかなかそうはいきません。人によってはショックを受け、立ち直るのに時間がかかることもあります。またブーメラン効果（157ページ）と言って、逆切れする場合もあります。

そこで、ミスはその場でこまめに指摘することです。こうすれば、部下はその都度方向修正ができますし、リーダーもストレスをためることがありません。

【愛情を持って言う】

あなたのかつての上司を思い出してください。今の上司でも結構です。「あの人に叱られると心にじ〜んとくる」という人はいませんか？　なぜでしょうか？　叱ることに心がこもっているからです。それは、あなたに愛情を持っているからに他なりません。あなたは自分のためを思って言ってくれたと感じたことでしょう。人を叱るという行為は、少なからず相手にインパクトを残します。相手の心象を悪くすることもあるのです。それでも叱るのは愛情があるからです。そして、その愛情はすべて部下に伝わるものなのです。

【相手の事情を聞いてみる】

部下の言い訳を聞かずに頭ごなしに怒鳴っていませんか？　部下は「寝耳に水」で

ビックリします。そして「誤解だ」「何を言うんだ。ひどい」と反発したり、状況が飲み込めなくて「はぁ～？」と間の抜けたような顔をしたりするかもしれません。その行動がさらにあなたの怒りに火を付けるのです。

部下を叱る前に、必ず部下の話を聞きましょう。部下には部下の言い分があります。「盗人にも三分の理」、どんな状況においても、正しかろうが正しくなかろうが言い分は存在するのです。一方的に叱っても効果は上がりません。

【行動に焦点を置く】

「そういう性格が駄目なんだ」「その性格が邪魔している」と言っても、その性格で何十年も生きてきたのです。性格はそうそう変わるものではありません。変わらないものに焦点を当てても効果は期待できません。

また、性格は事実ではないので、部下が心の中で「そうじゃない」と思えば、それ以上話は先に進みません。何を言っても受け入れられないでしょう。

したがって、性格や人格ではなく、具体的な行動に焦点を当てましょう。

【悪い例】
リーダー「君はのんびり屋だから、仕事がゆっくりなんだよな。だから期限が遅れる。もっとスピードアップしてやってくれよ」
【良い例】
リーダー「今回は、君がどうしてもと言うのでレポート提出期限を1日遅らせた。しかし、次回はきちんと期限を守ってくれよ。そうじゃないと仕事全体に支障をきたす」

性格や人格は関係ありません。時間を守ることを部下に伝えればいいのです。

【気付いたらすぐに伝える】

正さなければならないことは、気付いたそのときに言うのが基本です。そうしないと、あなたは覚えていても、部下は忘れている可能性があるからです。また、時が経てばインパクトは薄れます。「そうだったっけ?」と人ごとのように思う部下もいるでしょう。さらに「だったら、そのとき言ってくれればいいのに」と思うものです。

時が経って言うことにメリットは何もありません。基本は「今、ここで」です。鉄は熱いうちに打たねば曲がらないのです。

【ドアは開かれていることを伝える】

部下は、失敗する前に誰かに相談したかったのかもしれません。また、事前にリーダーに相談できていれば、このような結果にはならなかったかもしれません。リーダーに壁を感じていたり、相談しても無駄だと思っていたりすると相談されません。これはリーダーであるあなた自身の問題でもあります。

常日頃から、「何かあったら気軽に相談してくれよ。些細なことでもいいからな」と言っておくことです。実際に、頻繁に部下が相談に来れば「それくらい自分で考えてやれよ」と煩わしくなるかもしれませんが、これを面倒に思い実行しないと、あとで何倍にもなって返ってくるのです。そうなってからでは遅すぎるのです。

【自分の価値観を伝えておく】

日頃から自分が仕事を進める上で大切に思っていることは何か？　を伝えておくこ

とが必要です。これは、部下の行動基準を作ることでもあります。部下は「この人は○○を大切に考えているんだな」「○○をしないと叱られるな」と判断するようになり、事前にミスや失敗を防ぐことになります。

【良い例】

①「どんなに忙しくても、進捗状況など中間報告は必ず入れてくれよ。メールでも構わない。必ず見るから」

②「報告書の誤字脱字はしっかり見ろよ。3回は読み直せ」

③「飲んだ翌日は絶対遅刻するな。半休なんて、とんでもないぞ」

例のように、事前にリーダーが大切にしている価値観を伝えることにより、その都度、指示を出さなくても行動基準を理解するようになります。ちょうど私たちが交通標識に従って車を走らせるのと同じです。

3 こんな場合は、こう対処する

――どんなタイプの部下か

【「すみません」しか言わない部下】

何を言っても「すみません」としか言わない部下がいます。「すみません」の連発は、自己防衛していると考えられます。

「私はもうこんなに謝っているのです。だから許してください。これ以上叱らないでください」

という防衛です。「すみません」という言葉で盾を作っているのです。胸の内は、何とかこの場を切り抜けたいという一心です。ミスを犯さないために善後策を考えているわけではないのです。

このような部下に行動変容を促すためには、部下自身に行動を考えさせる必要があります。

「今回の仕事を成し遂げるまでに、どういう努力（工夫）をしたんだ？」

と聞いてみるのです。

もともと努力や工夫をしていなければ答えることができません。仮に答えられないとしても、今後のやり方について、あなたと2人で考え出し、言葉を引き出すことも可能です。

くれぐれも「すみません」と言わせるだけで部下を放免しないようにしましょう。同じことが繰り返されるだけなのですから。

【「次は頑張ります」しか言わない部下】

「次は頑張ります」という言葉も「すいません」同様、言葉の盾に過ぎません。単なる自己防衛なのです。そう答えればその場をやり過ごせることを部下は知っているのです。

また、冷たいようですが、結果が変わらなければ意味がありません。頑張ってもらっても仕方がないのです。結果を変えるには行動を変えるしかないのです。同じ行動を取り続ける限り、同じ結果しか得られません。

行動を変えてもらうには、次の良い例にあるように具体的な指摘をすることです。

【良い例】
リーダー「どうなっているんだ！　同じミスが二度続いているじゃないか」
部下「おかしいな〜。次は間違えないように頑張ります」
リーダー「いや、私が聞きたいのは、今度どのように仕事を進めるのか、ミスをしないように今のやり方をどう変えるかだ。君はどう思っているんだ？」

【反抗的な部下】
この場合、反抗的な態度を叱ろうとせずに、結果に対して、または自分の要望に対して毅然と述べることです。反抗されれば上司としては面白くはありません。しかし、あなたが感情的になっては、リーダーシップはとれません。自分の言うべきことは何かを冷静に考えましょう。そして、反抗しても無駄なことを部下に気付かせるのです。

【悪い例】
リーダー「例のプロジェクトの進捗状況はどうなっている？　報告しないと駄目だぞ」

部下　「わかっていますよ。別に報告することはありません。うまくいっていますから」
リーダー「なんだ！　その態度は！　なんか文句でもあるのか！」
部下　「文句なんかありませんよ。課長こそ何かおっしゃりたいのですか？」
リーダー「……」

【良い例】
リーダー「例のプロジェクトの進捗状況はどうなっている？　経過報告してくれないかな」
部下　「別に報告することはありません。うまくいっていますから」
リーダー「君はプロジェクトがうまくいっていれば、中間報告の必要はないと思っているのか？」
部下　「いえ、そういうわけでは……」
リーダー「だったら、何がどううまくいっているのか、何が要因なのか、メンバーの様子はどうなのか、きちんと報告をしてくれ。ただ『うまくいっています』では、私にはわからないよ。もしかしたら、今、手を打っておく必要があるものも考えられるんじゃないかな」

部下「はぁ、わかりました。今現在は……」

【職場がだらけたムードになっているとき】

皆の前でキーマンを叱るという方法があります。キーマンとは、職場で影響力のあるリーダー的存在です。肩書きは関係ありません。仕事ができ、周囲の信頼もあり、一目置かれている人物です。このキーマンに対して、

「ミスが多くなっているぞ。何をやっているんだ！」

「目標未達じゃないか。どうしたんだ！」

と叱るのです。

「彼が叱られるなんて」

と、他の部下は驚きます。

「彼が叱られるなら、自分はもっと叱られるかもしれない」

と思うのです。そして、連鎖反応で、自分も叱られているような気になります。本

当にミスが多かったり、いつも目標未達の人物を叱っても、効果はありません。「叱られて当然だ」「またあいつか」としか思われないからです。そして「あいつがいるからまだ自分は大丈夫」などと安心したりします。

キーマンと上司であるあなたに日頃から会話があり、信頼関係が構築されているなら、叱られたキーマンも「自分をうまく使ったな」と理解するはずです。しかし、理解していないようなら、さり気なくフォローを入れることが必要です。

「最近、職場がたるんでいると思わないか？　朝礼では君を叱ったが、これは職場全体の問題だ。気を付けて欲しい」

と伝えるのです。

つまり、「君だけを叱ったのではなく、皆を叱った。自分のことだけでなく、職場全体へ気を向けて欲しい。期待しているのだから」というメッセージを込めるのです。これによって、部下は次のステージを期待されていることを理解するでしょう。

このような人物を1人、2人つくれば、職場は活性化していきます。彼らは期待通り職場に気を遣ってくれるようになるでしょう。いつもあなたが目を光らせておく必要もなくなるのです。

4 ブーメラン効果
――相手にぶつけた感情が自分に戻ってくる

◆怒鳴っても効果は期待できない

厳しく叱ることと、怒鳴ることとはまったく違います。日頃、冷静で穏和な人がたまに怒鳴れば、部下へのインパクトが大きいのは確かです。部下は自分の行動がまずかったと衝撃を受けるでしょう。しかし、怒鳴られた部下が、今後効果的な行動を起こせるかは別問題です。「この野郎！　今度こそうまくやってやる！」と奮起する部下はどのくらいいるでしょう。残念ながら今の時代、少ないのが現実です。

多くは、ふてくされるか、すっかり萎縮して自信をなくすか、上司の顔色ばかりを伺うことになるか、のいずれかでしょう。怒鳴ってみても得るところは少ないのです。

さて、心理学にブーメラン効果という法則があります。これは飛び道具のブーメランから由来した法則です。投げたブーメランは、投げた人の所へ戻ってきます。人を説得したり、相手の態度や考え方を変えさせようと、怒鳴ったり、激しく攻撃したり、強いストレスを与えたりすると、逆の効果が生まれる現象です。

これと同じで、部下を叱るときも、感情にまかせて怒鳴っても、部下も感情を害するだけで、結局はリーダーの望む行動は得られないのです。

◆なぜリーダーは怒鳴るのか

人は自分の力で物事をコントロールできているときは怒りません。コントロールできない状態になると、怒りを爆発させます。たとえば、部下が自分の思い通りに動いてくれない場合です。最初は、優しく話しているのですが、そのうちに強い口調になります。そして、怒りが爆発します。中には、押しても駄目なら他の方法を試みるリーダーもいます。しかし、どちらにしてもその方法がなくなったとき、人は諦めて何も言わなくなるか、怒ることによって自分の不平不満を表出させます。

つまり、部下を怒ることとイコール、リーダーにとって方法論の欠如の証明に他ならないのです。怒って物事がスムーズに運ぶなら怒ることも有効な手段です。しかし前述のように、怒ることによって得られるものはありません。

怒ったときは、ちょうど「堪忍袋の緒が切れた」状態です。何かのきっかけでプッンと切れるわけです。したがって、一端、感情が吐き出されると、止まることなく流れ出します。こうなると手が付けられません。すべてを吐き出すまで続くのです。怒鳴った後は、一時的にストレスが発散されてスッキリしますが、冷静になって考えてみると、少々やり過ぎた、言い過ぎたと反省することになります。部下が悪いのだからしょうがない、と心の中で決着を付けようとしますが、モヤモヤとした感情が後まで残ります。これが、またストレスとなり、仕事の生産性を阻害します。

仕事ができる、できないは別として、部下は驚くほど上司のことを冷静に見ています。すぐに柔軟性のないリーダーと見透かします。中には、深い痛手を負ってしまい、立ち直れなくなる部下もいます。怒りは双方にとって生産的な結果を生みません。

◆怒ってしまったら

前項までに「リーダーが感情的に怒る事は効果的ではない」と述べてきました。しかし、人間は感情の動物です。冷静さを失って、怒ってしまうこともあります。リーダーも人の子です。そんなときもあるでしょう。怒ってしまったときは、その後で謝ればいいのです。

怒りの感情は短期的なものなので、何時間も怒り続けることはできません。カッとしても、しばらくすると自分自身を冷静に考えられるようになります。そのときに、謝ってしまえばいいのです。内容は別として、感情的に怒ってしまった事実に対してだけを謝ればいいのです。

「さっきは感情的になって悪かった」と先に謝ってしまえばいいのです。この一言で自分自身のモヤモヤは晴れます。そして、多くの場合、部下からも反省の言葉を聞くことができます。

ここでの留意点は、「但し書き」をつけないことです。

「さっきは感情的になって悪かった。しかし、元はと言えば、単純なミスばかりしている、お前が悪いんだぞ」などと言っては、話は振り出しに戻ってしまいます。

また「ミスをした相手に謝るなんて冗談じゃない。悪いのは相手の方だ」と言っていたのでは、人望は獲得できません。また、「ちょっと言い過ぎたかな」「大人げなかったかな」という気持ちは、意外に後を引き、仕事の生産性を落とします。冷静に物事を考えられるようになった今は、リーダーとしての効果性を考えましょう。短期的な感情に左右されてはいけません。

「悪かったな」の一言で、あなたのリーダーとしての人望は、さらに上がります。

第6章
やる気にさせるリーダー、やる気を失わせるリーダー

「部下をやる気にさせ、行動を促す」

これはリーダーにとって、永遠のテーマではないでしょうか。裏を返せば、上手くいっていないリーダーが多いということの証明とも言えます。

子供の頃、宿題をしようと思ったそのときに、「早く宿題をしなさい」と言われて、反対にやる気がなくなったことはありませんか？　他者が「やれ、やれ！」と言っただけでは、相手は行動に移りません。人はそれほど単純ではないのです。人間の動機付けには様々な要素が絡んでいるのです。

部下のやる気を巧みに引き出し、行動に駆り立てるリーダーもいます。一生懸命やっても反対に部下のやる気を失わせているリーダーもいます。

本章では、部下の動機付けのツボを紹介しましょう。

1 そうなっては困るという〝回避モチベーション〟

――ひどい目に合わされたくないために行動する

「言ったことしかやらない」「仕事が中途半端で責任感がない」「もっと積極的に仕事に取り組んでもらいたい」は、多くのリーダーから聞かれる愚痴です。

しかし、リーダーの仕事はやる気のない部下にやる気を出させることなのです。自分の部下が気力もやる気も十分なら、リーダーの仕事の半分は終わったも同然です。カッツのモデルを思い出してください（第1章）。リーダーに求められる能力のうち半分がコミュニケーションスキルでしたよね。嘆いていても始まりません。私たちの仕事は、部下のやる気を喚起することなのですから。

さて、どのようにしたら部下はやる気を起こすのでしょうか？　多くのリーダーは、『回避モチベーション』によって部下のやる気を喚起します。回避モチベーションとは、「そうなっては困る。だから、そうならないようにしよう」という動機付けの方法です。

たとえば、

「こんな仕事のやり方で、通用すると思ってるのか……」

「何度言ったらわかるんだ。いい加減にしろ……」

「今度同じ間違いを起こしたら……」

というような指摘の仕方です。

実は、「……」には「このままではひどい目に合わせるぞ」という脅迫の言葉が隠されているのです。部下はひどい目に合わされたくない（回避）ために行動をするというやる気の出させ方です。

回避モチベーションは、たまになら効果があります。たとえば、リーダーから「○○のようなことがあれば、関連会社に出向してもらうことがある」と言われれば、「まずい」と思い、部下は別の行動をとります。しかし、人間は同じような刺激（回避モチベーション）を何度も受けていると、その刺激自体に鈍感になってしまうのです。そのうちに部下は、何を言われても、そのときだけ神妙な顔をして、嵐が止むのを待つようになってしまいます。こうなっては、ほとんど効果がありません。

したがって、リーダーは指摘する内容をだんだん強めなければなりません。

①「怒るぞ」
②「職場に悪影響を及ぼす」
③「給料を下げるぞ」
④「クビだぞ」

という具合にです。①より②、②より③、③より④と刺激を強めていくのです。

また、回避すべき対象をクリアすれば、部下のモチベーションは下がります。緊急避難的なモチベーションだったわけですから、クリアすればホッとするのが人間です。安堵するのです。したがって長続きはしません。

このように、回避モチベーションは部下の行動を促す1つの方法ですが、いつもこの方法だけでは効果的に部下を動かすことはできません。もし、あなたが回避モチベーションに頼り過ぎているとしたら、注意が必要です。部下は「またか」ぐらいにしか思っていないと考えられます。

2 相手の期待に応えたいという〝期待の法則〟

――リーダーの期待が部下のやる気を育てる

前述の回避モチベーションは、「そうなっては困る」という部下の心理を利用して、行動を促す方法でした。一方、逆からのアプローチもあります。それは、『期待の法則』を活用することです。たとえば、「彼ならきっとうまくやる」「彼ならできる」「見込みのある部下だ」など、部下の今後の行動や将来に期待をかけることです。

人間は、相手からの期待を感じれば、「期待に応えよう」と思い、期待に添うような行動をとろうとします。つまり、お返しをきちんとするということです。したがって、あなたが部下に「期待しているぞ」というメッセージを送れば、部下は期待通りに振る舞おうとするのです。

しかし、「とても自分の部下にそのような気持ちを持つことはできない。あなたは、知らないからそんな悠長なこと言うんだ」という方もいらっしゃるかもしれません。しかし、「あいつは駄目な部下だ」と思い込んでいると、部下は、リーダーの予想通りのことをしてしまうのです。これも『期待の法則』と言います。そして、あなたが

「駄目だ」と思っていると、部下の振る舞いすべてが、駄目なことの裏付けデータと映ってしまうのです。あなたの見込みどおりに見えてしまうという罠にはまります。

これらは大きくは「返報性の法則」と言います。人が自分のことをどう思っているかによって、その思いの通りに行動する法則です。

【悪い例】
○5分遅れた　→「時間にルーズな駄目なやつだ」
○プレゼンテーション前に大事な書類を忘れた　→「気合いが入っていない」「あいつは、何もかも駄目なやつだ」

という具合です。リーダーから期待されていない部下は、「自分は期待されていない」という上司の期待に応えてしまいます。期待の法則が裏目に出ます。

一方、リーダーが、この部下は見込みがあると信じたとき、部下にも見込みがあるように接します。返報性の法則をうまく活用した場合（期待の法則）です。

【良い例】
○5分遅れた
↓「君のような優秀な営業マンが時間に遅れるなんて、何かトラブルでもあったのか」
○プレゼンテーション前に大事な書類を忘れた
↓「くよくよするな。資料なしでも君なら何とかやれるはずだ」

このようにポジティブな感情（期待）を持って部下に接するのです。期待の返報性により、部下もリーダーの期待に添う行動をしてくれるようになります。リーダーの期待は、強い力を持っているのです。あなたはこれをしっかりと認識する必要があります。

この期待の法則は、心理学者ローゼンタールの実験でも証明されています。彼は小学生に知能テストを実施し、とくに優秀だった生徒の名前を担任の先生に教えました。

そして1年後、再度知能テストを実施してみました。その結果、知能、学力、意欲共に優秀だと言われた生徒の数値が抜群に伸びていたのです。

実際は、ローゼンタールが優秀だと言った生徒に、何の根拠もありませんでした。彼はランダムに選んだ生徒を「優秀である」と先生に告げたに過ぎなかったのです。知能が優秀だと言われた生徒に対する先生の期待が、成績を伸ばしたのです。

同じことが上司と部下との関係でも言えます。優秀でない部下もいるでしょう。しかし、リーダーの期待が部下のやる気を育てます。そして努力を生むのです。結果、目標達成に貢献してくれることになるのです。

3 部下のやる気を引き出す〝動機付け理論〟

――やる気・欲求×期待×報酬＝行動（結果・成果）

強い動機（欲求）があれば人は行動に移ります。しかし、動機が弱いと3日坊主で終わってしまいます。優秀なリーダーは、どのように部下のやる気を引き出し、継続させているのでしょうか。

◆過剰の期待が部下を潰す

人は同じ仕事ばかり繰り返していると、マンネリに陥ります。また、変化の激しい時代ですから、その時代にフィットした未知の仕事にどんどんチャレンジしていかなければなりません。今まで通りの仕事のやり方を行っていては周りから取り残されてしまうのです。変化への対応力が求められています。

そこでリーダーは、今までと違う新しい仕事、より難易度の高い仕事に、高い意識で取り組むことを部下に期待します。

「期待の法則」により、部下のやる気を引き出す力があることがわかりました。しかし、あまり期待し過ぎて過剰期待となると、部下を駄目にすることになります。平たく言うと「潰す」ことになるのです。期待のかけ方の量を工夫する必要があります。

具体的な量とは、部下にとって「今のままでは達成できないが、今よりちょっとペースを上げれば、どうにかなりそうだ」という程度です。

リーダーが「君ならできる」と力説しても、自分の実力とかけ離れたような目標では、部下は動機付けされません。どんなに頑張ってもとてもできないと考えてしまうのです。過度な期待をかけられた部下は、何度チャレンジしても目標を達成することができません。そのうちに「どうせ自分にはできない」「リーダーの期待に応えられない駄目なやつ」と、自分自身を卑下してしまいます。

そして、目標を達成しないことが平気になってしまいます。これが「負け癖」です。優秀なリーダーは部下に負け癖を作らせません。達成できる目標からスタートして、目標達成の喜びを体験させます。そして、部下のモチベーションの高まりとともに目標のハードルを高くしていきます。

このように、期待の量を部下によって変化させることができれば、部下の継続的な進歩を促すことができます。

◆動機付けの強さと得られる利益の不思議な関係

部下は、何を得られると感じたとき、強い動機が生まれるのでしょうか。前述の「回避モチベーション」（回避動機付け）と「期待理論」（期待動機付け）の両面から考えていきましょう。

回避動機付けの強さというのは、「次のプレゼンテーションで恥をかきたくない」「ミスをして怒られたくない」などの回避モチベーションの強さです。

たとえば、プレゼンに失敗しても「たいしたことはない」、ミスして怒られても「たいしたことではない」と考えている人にとって、回避動機付けの力は弱いと言えます。反対に、プレゼンに失敗したら「大恥をかいてしまう」、ミスをして怒られることは「絶対嫌だ」と考えている人にとっては、回避動機付けの力は高まります。

達成への動機付けの強さは、「次のプレゼンテーションで成功して、次の飛躍につなげたい」、「ノーミスで仕事をして、リーダーから高い評価を得たい」というように成功することによって得られる利益です。

これも、プレゼンに成功しても「たいしたことはない」、ノーミスでも「当たり前」「評価は得られない」と考えている人にとっては、動機付けの力は弱いと言えます。

反対に、このプレゼンに成功したら「輝かしい将来が開ける」、ノーミスならリーダーから「次の大きな仕事を任される」と考えている人にとっては高い動機付けになります。

このように、あくまでも自分自身の考える利益によって、動機付けの強さは変化するのが特徴です。したがって、リーダーが考える利益と部下の考える利益が一致していなければ、動機付けにはならないと言えます。

そこでリーダーは、部下が遅刻したら「自分のためにならない」と強く感じるような利益を探り出す必要があります。たとえば、たびたび遅刻する部下に、「皆が迷惑するから遅刻するなよ!!」とワンパターンで注意したとします。しかし、「皆が迷惑する」という言い方では、部下は「自身の将来に関わるから注意された」とは思えないのです。

実際上司は、毎回遅刻をしている部下を許していたのでは、「他の部下へ示しがつかない」、「職場へ悪影響を及ぼす」と考えるのが普通です。しかし、おわかりのように、これはリーダーの利益から出た言葉です。部下は「他の部下への示しがつかない」ことや「職場に悪影響が出る」ことに対して、どれほど心を配るでしょうか？　心を配れるのなら、とっくに遅刻はしなくなっています。また初めから遅刻などはしないでしょう。

これらは皆、リーダーが考えたリーダーのための利益なのです。部下自身の利益ではないのです。したがって、何度指摘しても遅刻はなくならないでしょう。自分とは関係のない利益だからです。そこで、ダイレクトに部下の利益を考えてみる必要があります。

この部下には、遅刻することによって得られる何らかの利益があるのです。遅刻しないことから得られる利益より遅刻して得られる利益のほうが大きいため、部下の潜在意識が遅刻を選択しているのです。多くのリーダーにとって理解に苦しむことですが、このロジックが解けないと部下の行動は変わりません。

「遅刻をしないより、遅刻をするほうを選択しているだって？　遅刻することに利益を感じている？　本当？」そう思う方のために、1つ端的な例を挙げましょう。

それは煙草です。だれもが喫煙は身体に悪いことを知っています。発ガン率も非常に高いのが常識です。しかも、世界的に禁煙ブームが広がっており、とくに米国では、煙草を止められない人は意思の弱い人であり、リーダーとして不適格であるとされています。それにも関わらず、多くの人は煙草を止めることができません。

つまり、煙草を吸わないことよりも、煙草を吸うことから得る利益を重く見ているからです。煙草を止めるには大変な努力が必要です。そこまでして止める必要はないと判断しているのでしょう。そして自分だけは癌にはかからないと心のどこかで思っているのです。また日本は煙草天国ですから、まだ大丈夫と高をくくっているのでしょう。煙草を吸わない人にとっては真に不思議ですが、煙草を吸うことに利益を感じている証拠です。

さて、話を元に戻します。遅刻常習犯の「遅刻をすることの利益」をつかむには、部下自身に聞いて見るのが一番の近道です。180ページに簡単な方法を紹介しておきます。

180ページを活用してこのロジックを解いていきましょう。部下の利益をつかめなければ、リーダーシップは発揮できません。

◆動機付け理論

さて、部下の行動を促すには、強い動機（欲求）が必要だと述べてきました。動機が強ければ強いほど、人はすぐに行動を起こすからです。しかし、動機だけに焦点を当ててもうまくいかないことがあります。つまり、限界があるということです。動機を行動に結びつけるには、別の角度からも考えていく必要があります。モチベーション理論の専門家アトキンスの理論で考えてみましょう。

たとえば、「絶対にやります！」「頑張ります！」「新しいやり方を考え出します！」と強い口調で言う部下。勢いはいいのですが、一向に行動に結びつかない部下はいませんか？　「言葉だけじゃなくて少しは行動しろよ」と言いたくなりますね。

以下（図）の公式で行動を促すポイントを押さえてみましょう。

行動（結果・成果）させるには、どうしたらいいかということの要素が明らかにされています。そして、この公式のポイントは、すべての要素が足し算ではなくかけ算になっていることです。これは、どれか1つが小さくても、大きな結果や成果は出せないことを意味しています。まして、どれか1つがゼロであれば、結果もゼロになるのです。

やる気 欲求	×	期待	×	報酬	＝	行動 （結果・成果）

それぞれの要素を大きくしていく必要があります。

【やる気・欲求】

読んで字の如く、挑戦したいという欲求や気持ちです。やる気がまったくゼロでは、手の打ちようがありませんが、やる気だけでも行動に移らないことがよくわかります。

【期待】

ここで言う期待とは、「やればどうにかなりそうだ」という、〃主観的確率〃のことです。他者からの「君ならできる」という励ましではありません。「できそうだ」と自分自身が信じられるか否かです。

たとえば、日頃まったく運動をしていない人に「健康のため今度マラソン大会に参加しよう」と誘っても、とても無理だとあきらめてしまい、あなたの誘いには乗ってこないでしょう。つまり「できそうだ」と信じることができないのです（主観的確率が低い状態です）。

このような人には「健康のためウォーキングをやってみないか？」と誘ったらどう

なるでしょうか。これなら、相手が行動に移す可能性は高いでしょう。「自分にもできそうだ」と信じることができるからです（主観的確率が高い状態です）。

つまり、適度な目標を与えることです。

【報酬】

結果や成果を手にしたとき受け取る報酬です。報酬というとすぐに金銭的報酬をイメージしますが、報酬はそれだけではありません。金銭的報酬（外的報酬）と内的報酬の2つがあります。

そして、これらは、人によってどちらに魅力を感じるかが異なります。一般的には、外的報酬を求める人は、内的報酬への欲求は低く、内的報酬を求める人は外的報酬への欲求は低くなります。

たとえば、十分なサラリーをもらっている人には少々の金銭的報酬では魅力を感じません。それよりも名誉または名声を欲するのが一般的でしょう。一方、若手社員の場合はどうでしょうか？　彼らに感謝状1枚では報酬とは感じてもらえない可能性が高いでしょう。それより金一封の方が効果は高いことが想像されます。

報酬は、部下の価値に合っているものを用意しましょう。外的報酬にはあまり興味を示さず、内的報酬（やりがい・達成感・成長欲求・自己実現）を求める人もいるのです。内的な報酬には、リーダーからのねぎらいやほめ言葉、承認なども含まれますので、積極的に活用しましょう。また、内的報酬にはあまり興味を示さず、外的報酬（金銭・昇進・昇格）を求める人もいるのです。

このように「やる気・欲求×期待×報酬＝行動（結果・成果）」の公式を使って部下の行動を促しましょう。

あなたは、部下・後輩に空回りのやる気だけを起こさせれば十分ですか？　それとも、結果のある効果的な行動を望みますか？

4 部下の利益をつかむ質問シート

――「遅刻をなくすために」

問題行動（たびたび遅刻する）を起こす部下の真の利益をつかむため、下のシートに記入させます。ゆっくり時間を取ることと、抽象的にならないよう具体的にたくさん出させるのがうまくいくコツです。

このシートで遅刻から得られる利益と遅刻から得られるマイナスの利益、それぞれの大きさを比較することができます。

遅刻から得られる利益	遅刻から得られるマイナスの利益
・朝遅くまで寝ていられる	・上司から怒られる
・新しい目覚ましを買わなくてすむ	・皆に迷惑がかかる
・急いで走って疲れなくてすむ	・
・(仕事には支障をきたしていない)	・
・	・
・	・
・	・
・	・
・	・
・	・
・	・
・	・
・	・
・	・

第7章
評価の上手いリーダー、下手なリーダー

評価と聞くとネガティブな印象を受けるリーダーが少なくありません。人を評価するのは、道徳に反するとでも思うのでしょうか。しかし、現実の我々の生活は、評価がなければ自分のポジションを知る術がありません。私たちは、生まれる前から死ぬまで評価を受け続ける宿命なのです。

たとえば、「赤ちゃんの首が座った」「赤ちゃんが立ち上がった」これも他の赤ちゃんとの比較です。学校に行っても「数学はよくできるが、英語はダメ」これも周りとの比較です。

このようにして、私たちは、自分のポジションを知るのです。そして、足りない点を補い、長所を伸ばして生活しているのです。何も会社の中だけではないのです。リーダーの適切な評価は、部下が本来の目的地に達するための不可欠な要素です。そのために評価を上手くする必要があるのです。

本章であなたも評価の上手いリーダーの仲間入りをしましょう。

1 適切なタイミングで評価を伝える

——評価により部下は状況と役割を認識する

ドライブのときにカーナビ（GPS）を使うように、部下は上司の評価によって自分の現在位置を確認します。たとえば、カーナビは目的地を指示するといくつかのルートの中から、最短の時間で到着できる道筋を示します。ドライブの途中で、本来の道から外れると元の道に戻るようにルートが示されます。このような役割が上司の評価です。評価には道筋だけでなく、目標に達するまでの進捗状態のチェックが含まれます。

たとえば、

「スピードが速すぎるから少し押さえろ」
「もっとスピードを上げないと周りから遅れるぞ」
「そのやり方では後でトラブルを起こすぞ」
「いいぞ、今のペースで進め」
「余裕がありそうだから、この仕事も追加してくれ」

等々です。このような評価があって、部下は自分の置かれている状況および期待されている役割を認識することができるのです。

すべての部下にカーナビのように事細かく指示を出す必要はありません。目的地を告げれば、自分の判断で道を選択し予定通りに到着する部下もいます。内容や指摘のきめ細かさは、部下の成熟度により異なりますが、適切なタイミングで評価を伝えることが部下のモラルを引き出すことになります。評価を部下に伝えることを『指摘』と言います。

次に4つの指摘方法を説明いたしましょう。

2 4つの指摘方法
――肯定的指摘・修正的指摘・情報提供的指摘・質問的指摘

①肯定的指摘：よかった点を事実に基づいて相手に伝える
「取引先の○○さんが、△△と言って君のことを誉めていたぞ」

「このように……したのはとてもよかった」

「あのとき……したのは効果があった」

←

何がどうよかったのか具体的事実を上げてきちんと説明する、ポジティブな指摘の方法です。

②修正的指摘：部下の言動を修正するための情報を直接伝える
「コストがかかりすぎている。外注費の削減を図ってもらいたい」

「こうしたほうがいい」

「このようにしたほうがもっとよくなる」

「何をどれくらい、どのようにすると達成できる」と具体的かつ詳細に説明することが大切です。「しっかりやれ」「もっと周りを見てやれ」などと抽象的な指摘では、部下は何をどのように訂正したらいいのかわかりません。また、プライドを傷つけたり不快感を抱かせないよう注意することも大切なことです。

③情報提供的指摘：部下の言動以外の情報を提供する

「3年前の文献だが、今の君の仕事に役立つと思って持ってきた。参考にしてみたらどうだろうか」

「こういう考え方がある」

「お客様は……していた」

「○○のデータでは……」

↓

リーダーの経験や会社の歴史、一般論、業界知識、書籍などの情報を伝えることにより、部下の言動を修正します。部下の経験以外の情報を付加することで、考え方の幅を広げることができます。

④質問的指摘：相手に考えさせたり、相手の考えを聞くための質問

「新規開拓の達成率についてどう思う？　何か良いアイデアがあったら聞かせて欲しいのだけど」

「なぜ予定通りに仕事が進まなかったと思う？」

「もっとやれたのに、できなかったのはどんなこと？」

↓

部下が自分の行動をどう受け止め分析しているのか、自己評価させます。そして、改善など具体策も自分で考えられるように仕向けていきます。

この項目については8章を参照ください。

3 結果評価とプロセス評価

――結果だけなら偶然という要素が大きく反映される

「会社は、売上を伸ばし利益を上げられなければ、従業員に給料を払うことができない。将来に向けた新しい投資もできない。どんなに頑張っても成果を出せなければ意味がない。仕事の成果は結果で決まるのだ。だから、なにがなんでも結果を出せ」

多くのリーダーがこのような考え方をします。

「売上が伸びた」
「販売成績が前年対比120%」
「利益率が20%改善できた」
「予定の時間で、予算内でプロジェクトを遂行できた」

など、目に見える確かな結果は評価しやすいものです。

評価する人も、結果が良いのだから、そのプロセスもうまくいっているのだろうと考えてしまいます。反対に成果の出ないやり方はプロセスに問題があるのではないかと考えてしまいます。また、成果が出ているのに余計な口出しをして嫌われたくない。

ヤキモチでも焼いているのか？　などと言われたくないという心理も働きます。そして、「どちらにしても、結果が出ていればそれでいいじゃないか」という「結果評価」が主流になっているようです。

この考え方は、一見もっともらしいのですが、大きな矛盾を抱えています。それは、「結果には偶然という要素が大きく反映されている」からです。

【偶然の例】

ある販売会社S社のケースです。営業マンAは、お客様がいらっしゃったとき、気持ちよく商品を見ていただけるように、朝一番で展示品をきれいに磨き上げました。そして、お得意先を回るため営業に出かけていきました。

一方、営業マンBは外に出るのが嫌で、営業所に残り、タバコを吸っていました。そこにたまたま、X商事というお客様がいらっしゃいました。その人は、磨き上げられた商品を気に入り大量発注しました。営業マンBは、その後3年間に渡りこのお客様から仕事をいただきました。営業所でトップの成績です。今では営業所の半分以上を占める売上です。S社では、営業マンBを新しい営業所の所長に抜擢しました。Bは新しい営業所でもタバコをふかしています。しかし、営業所の成績は上がりません。

ちょっと極端ですが、このようなケースはどこの会社でもありそうな話です。結果だけで部下を評価することは、偶然にまかせてマネジメントしていることに他なりません。正しいプロセスを踏んで仕事をすることが、実のある結果になる可能性が最も高いのです。

その可能性をさらに伸ばすためには、部下の仕事のプロセスを評価することが重要です。

業績を上げていない部下を評価することは難しいものです。とくに会社が大きくなればなるほど、この傾向は高まります。なぜなら、多くの従業員がいるのですから、1人1人に目をやり、評価することは難しいからです。また、評価についてすべての従業員を納得させることは不可能と言っていいでしょう。

たとえば、本社にいる意思決定者は、すべての従業員の働きぶりを見ることができません。50の営業所に順位を付けようとしたら、売上、利益、伸び率、シェアなどになるはずです。生産拠点なら、生産量、コスト、納期、返品率などです。これらはすべて数字で見えるものです。

したがって、直属のリーダーが、結果に至るまでの試行錯誤や努力というプロセスを正しく評価する必要があるのです。結果評価だけでは、部下の行動を促すことはできません。細かいプロセス評価が部下のモラルを上げるのです。部下は、直属のリーダーが自分の行動をどのように評価しているか知りたがっているのです。

4 3つの評価基準

——相対評価、絶対評価、個人評価

◆ワンパターンにならない

評価には基準があります。基準がなければ、「優れている、劣っている」「進んでいる、遅れている」などの判断はできません。

たとえば、趣味でマラソンをしているアマチュアランナーは国体出場が決まれば、仲間内でヒーローになれます。一方、オリンピックでの活躍を目指すマラソン選手は、国体で優勝しても評価されません。評価は、基準の選び方により大きく変わるものなのです。

多くのリーダーが犯しがちな間違いは、自分が気に入った1つの基準だけで部下を評価してしまうことです。人は1つのやり方が気に入ると、異なった状況のときでもワンパターンを繰り返す傾向があります。

以下に、3つの評価方法を紹介します。相対評価、絶対評価、個人評価です。皆さんはどのような尺度で部下を評価していますか?

◆相対評価……成績順位表など

他者と比べることです。特徴は、一目瞭然で順位が明確になることです。成績順位表などが代表例です。

たとえば、

「同期30人の中で15位だ。順位は中くらいだが、トップとはそんなに離れていないぞ。これとこれができれば次回はトップの可能性がある」

「A君とB君、それに君が次の課長候補だ」

というような評価です。自分の部下に対し、彼の同期と比較してポジションを知らしめる効果があります。自分なりに努力していても、周りはさらに努力しているかもしれません。いい意味で、部下の競争心を煽って啓発する方法です。

「A君と比べると君は○○だな」

などと直接他者と比較するのも相対評価です。

◆絶対評価……達成率や利益率など

定められた基準に達したか、達しなかったかが、尺度になる明確な評価方法です。

達成率や利益率などが代表的な方法です。上司としては、期待値を明確にすることが求められます。

従業員に給料を支払うためには、売上を伸ばし利益を出す必要があります。会社は、ボランティアではありません。どんなに頑張っていても、利益目標に到達できなければ、仕事を続ける意味がありません。そこで絶対評価が必要になります。給料を払うためには、これだけの売上を達成してもらいたいという期待水準です。また、その部下の年代によっても会社の期待は変わります。マイペースで仕事をしてもらっても経営は成り立ちません。

たとえば、「あなたの給料を支払うためには、これだけのノルマを達成してもらわなければならない」「半年で15%のコストダウンが達成目標だ」というような使い方です。「ノルマだ」「達成目標だ」という言葉にネガティブな印象を受ける人がいるかもしれません。しかし、目標は会社に属する者として果たさなければならない責任なのです。上司としての期待をハッキリ部下に明示することも必要です。

◆個人評価……個人の業績推移表など

過去と現在を比較する、進捗状況を比較する評価方法です。個人の過去と現在を比較した業績推移表などが代表的です。達成基準や周りの人と比べるのではなく、あくまでも部下個人の変化を取り上げるので、どのような状況の部下でも評価が可能です。

たとえば、人事異動で新しい営業所に配属された部下は、急に成績を上げることは困難です。そのようなとき、「異動した月と比べるとこれだけできるようになった。頑張ってるね」というような評価ができます。

リーダーが部下の小さな変化を積極的に取り上げ、評価することにより、部下は現状のポジションをつかむことができるのです。

以上、3つの評価をご紹介しましたが、それぞれ特徴があり、どれかが一番優れているわけではありません。優れたリーダーは、状況により、部下に応じてこれら3つの評価方法を組み合わせて使っています。くれぐれもワンパターンに陥らないように注意が必要です。

5 加点主義で評価

――減点主義一辺倒では会社としての勢いや活力がなくなる

評価には、加点主義と減点主義があります。減点主義とは、あるべき姿からマイナスポイントを減点して評価する方法です。足りない部分を補うことで部下の行動の修正を図り、目標を達成させようとする考え方です。

たとえば、

「あなたの足りない点はコレとコレとコレ」

「コレとアレができていない」

「あなたの欠点はココだ。この部分を直す必要がある」

というような評価方法です。

部下はミスをすると、その分、減点となるわけですから、失敗しないよう、言われたことだけを確実に実行しようとする傾向が強まります。または、指示待ち人間の多い社風ができ上がってしまいます。減点主義も悪くはないですが、度を超すと会社としての勢いや活力がなくなります。

もともと欠点とは「欠如している点」なのですから、その部分を補ったとしても、大した力になりません。また補うには、それ相当の努力が必要となります。したがって、リーダーの勝負所は、部下の長所をいかに引き出すことができるかです。

弱いところで部下を戦わせても、勝ち目はありません。ならば、部下の長所、持ち味をさらに伸ばしたほうが、効果がありそうです。このような考え方が加点主義です。部下の個性に注目し、個を活かすのです。そして、それぞれの長所で力を発揮させるのです。もともと得意な分野ですから、磨けばさらに光り出す可能性は大きいのです。リーダーは部下の個々の長所を束ねるリーダーシップを発揮すればいいのです。

たとえば、企画力はあるが実行力に乏しい部下と、企画力はあまりないが実行力に長けている部下を組ませることもできます。お互いの長所を組み合わせ、カバーさせ合うこともできるのです。

あなたは、部下を加点主義で評価していますか？

6 上司の強みによって評価が変わる

――一流選手は一流監督になり得ず

上司の要求水準の高さによって部下の評価が変わることがあります。たとえば、数字に強い上司は部下の数字の間違いに敏感になります。自分では容易にその業務をこなせるため、部下も自分と同じようにできてしかるべきと考えるからです。このような場合、少々数字に強くても上司に評価されません。上司の要求水準が高いからです。

一方、その上司が人前で話すプレゼンテーションが苦手と考えているとします。このような場合は、世間相場から見てそれほどうまいと思えない部下のプレゼンテーションでも、上司は高く評価する傾向があります。

このように、数字にはそれなりに強いはずの部下に減点主義で評価し、あまりうまいとは思えないプレゼンをする部下に加点主義で評価をします。部下としては「なぜ?」と不信感が芽生えます。上司としては差別したつもりなどなくても、部下や周囲からは、好き嫌いで評価していると映ってしまいます。不公平感が残るのです。

こうならないためには、絶対的な尺度を作っておく必要があります。

7 目標達成はベビーステップで

――努力すれば達成可能な通過目標を具体的に設定する

あなたは部下にどのような期待をかけているでしょうか。「這えば立て、立てば歩めの親心」という川柳があります。親が子供にかける期待が伝わってきますね。私たちリーダーも部下に大きな期待を抱いています。そして失望もしています。

たとえば、あなたの管轄する部署は非常に忙しく、猫の手も借りたいくらいです。そんなところに念願の新しい部下が配属されました。彼は、経験豊富できっと大きな力になってくれるでしょう。これで一息入れられる。あなたの期待は最高潮に達します。しかし、できると思って任せた仕事はミスだらけです。まったくの期待ハズレでした。あなたは大きな期待を抱いていただけに、裏切られたような心境です。

このようなときこそ、事実をよく見極めなければいけません。

あなたは、

忙しい　↓　経験豊富な助っ人が来る　＝　仕事が楽になる

と短絡的に考えてしまったのではないでしょうか。現実には新しい職場ですぐ力を発揮できる部下ばかりではないのです。慣れるまで少し時間のかかる部下もいます。これが現実です。

ミスだらけの仕事でも、その後チェックすればいいのですから、最初から書類を作るよりは、明らかに仕事量が軽減されているはずです。あなたの過大な期待値と現実とにギャップが生じているとしたら、あなたの設定した目標は高すぎることになります。目標そのものを再設定する必要があるのです。

【NG上司】

「ハイハイができた⁉　それぐらいで、できたと思うなよ。まだまだだ。次はマラソンだ！」

【GOOD上司】

「おー、ハイハイができたか。よく頑張ったな。次は立っちしてみようね！」

富士山には6合目、7合目、8合目、9合目という目盛りがあります。単純な通過目標ですが、登山者のやる気を引き出す〝仕掛け〟として機能しています。富士山の頂上だけを見ていると、あまりに高くて「登れない、無理そうだ」と思いがちです。目盛りがあると小さな成功体験を味わえます。それが心理的に、やる気を引き出す大切な〝仕掛け〟になっているのです。リーダーにとって、努力すれば達成可能な通過目標を、どれだけ具体的に設定できるかが、極めて重要な能力となります。過度の期待は、部下を潰すことにもなりかねません。人間は一歩ずつしか歩くことができないのですから。

8 達成曲線

――始めは目に見える成果はないが、後半に一気に成果が見える

仕事の習熟には、ある程度の時間が必要です。難易度の高い仕事はそれだけ時間ががかかります。一方、容易な仕事は短時間でも習得することができます。

英会話の習得には5000時間が必要だと言われています。5000時間かければ誰でも英語が話せるようになるわけです。逆に言うと5000時間かけなければ英語を話すことができません。それでは、勉強を始めて2500時間後には半分話せるようになるのでしょうか？　そんなことはないのです。

物事を達成する際の時間と成果を示した、達成曲線というカーブがあります。この曲線によると学び始めは、目に見えるような成果が上がりません。しかし、後半になると一気に成果が上がります。決して、目標Aに向かって直線で進むわけではないのです。

リーダーが部下の評価をするとき、この達成曲線を頭に入れておかないと大きな見込み違いを起こします。たとえば、X時間が過ぎ、部下の評価を行った場合です。こ

の時点では、目標Aに対して直線的に進む線と達成曲線に大きなギャップが生じています。部下にしてみると、このままの推移ではとても達成できないような気持ちになります。リーダーとしても目標を下方修正したほうが、現実的だと考えます。そして、多くのリーダーが新しい目標Bを再設定してしまいます。

部下は、新しい目標Bに向かいます。この時点で組織目標も下方修正されます。当初の目標に対して未達という結果を受け入れたことになるのです。組織全体から見たリーダー自身の評価は、業績を上げられない

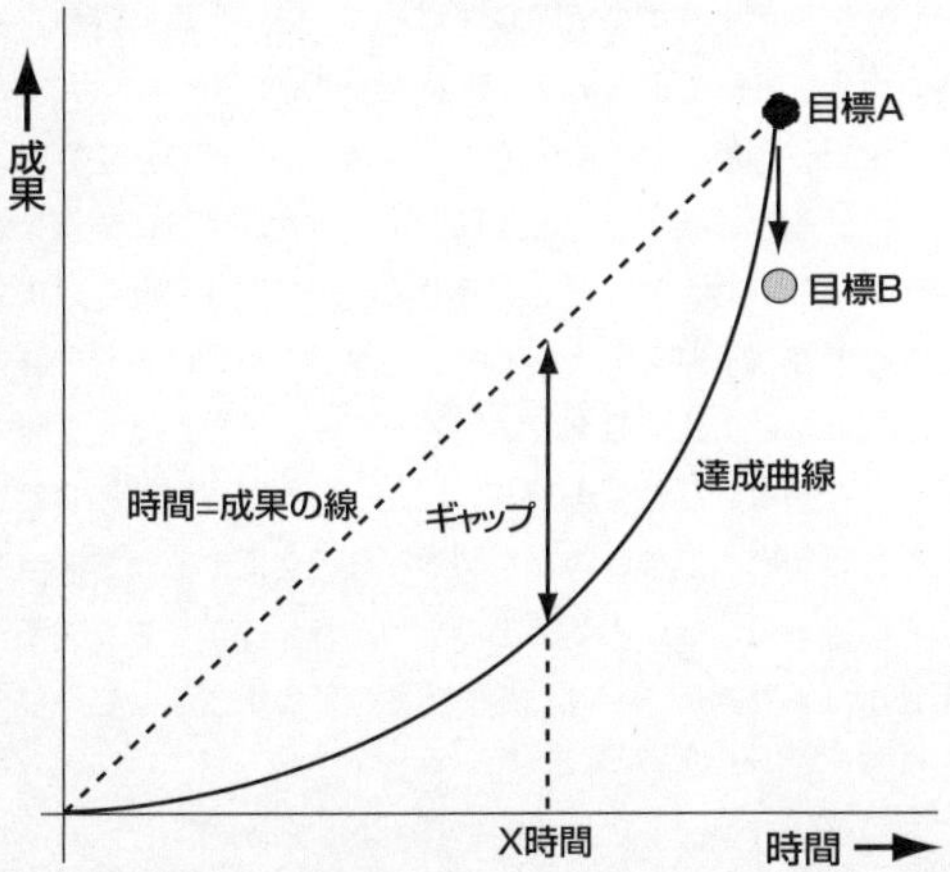

リーダーとして下がります。そして、リーダーは、部下を過小評価してしまうことになります。また、低い目標に甘んじた部下の成長は止まってしまいます。

コラム 部下の評価

リーダーだけが評価をするわけではありません。部下もシッカリ上司の評価をしています。このリーダーについていっていいのか、悪いのか。信頼できるのかできないのか。部下にとってのリーダー評価は、自分の将来に大きく影響を与えるのですから非常にシビアです。しかし、リーダーでこのことに気付いている人は、少数派です。人事考課でも180度評価といって、上司、同僚、部下からの評価を基に査定を実施する企業が増えてきています。

さて、上司、同僚、部下の中で一番評価がシビアで正確なのは誰でしょう。それは部下からの評価です。上司は部下には気を許してしまい、つい甘えや放漫な態度で接しがちです。部下はあなたの人間性をすべて見ているのです。しかし、部下は自分の評価を下す上司にはこのような態度は見せません。また、上司を騙すことは意外に簡単なことなのです。皆さん自身も経験があると思いますが、行ってもいない客先を訪問したことにして、さぼっていても上司は気付かないのではありませんか。部下を甘く見てはいけません。思わぬ所で、はしごを外されてしまうこともありうるでしょう。

部下の評価は、シビアだと覚えておきましょう。

第8章

部下の能力を引き出すリーダー、引き出せないリーダー

仕事を通じて部下の育成を図る方法として、OJT（On The Job Training）というものがあります。部下を育成するためには、リーダーが実践して仕事を教えなければならないという考え方です。

しかし、現在の経営環境では、この考え方だけでは限界に達してしまいました。なぜなら、ITの発達や経営環境の変化で、仕事の内容が数年前と激変しているからです。

過去に経験のある仕事なら、リーダーは自分のスキルを部下に伝授することが可能です。しかし、リーダーが経験を積んだ仕事が今残っているとは限りません。また、中にはまったく異なる仕事を行っている部下もいます。すべてとは言いませんが、自分の部下に教える仕事そのものが非常に少なくなってしまっているのです。

このような社会変化を踏まえて脚光を浴びている手法が「コーチング」です。本章では部下の能力を引き出すコーチングの概念を学びましょう。

1 なぜ「コーチング」が叫ばれるのか

――変化の激しい時代に柔軟に対応できる部下を育成する

①誰も経験したことのない「事態」が頻繁に発生してきた

右肩上がりの時代は、企業の経営計画は立てやすいものでした。来年再来年の結果がある程度予想ができたからです。しかし、今は違います。大企業でも「中長期の経営計画は立てることが難しいので、立てていない」という企業まで出てきています。何が起こるがわからない世の中です。10年前にインターネットがこれほど発達することを、どのくらいの人が予測できたでしょうか？　誰も経験したことのない事態が頻繁に発生しているのです。

変化が激しいときは従来の延長線上で仕事をしていたのでは対応できません。その場で状況を判断し迅速に意思決定できる力が、組織の末端まで求められてきています。

②去年の仕事が今年もあるとは限らない

ある企業の役員に聞いた話です。その会社では「昨年の仕事の3分の1を新しい仕事に変えろと」常々と話しているそうです。つまり、環境変化が早いので去年と同じ仕事をしていたのでは競合他社から置いて行かれてしまう。したがって、昨年と同じ仕事をしていたのでは、評価に値しない、ということなのです。

③変化のスピードが速いので組織がフラットになってきた

以前「大企業病」という言葉が流行りました。意思決定に時間がかかり、迅速に行動できない状況を指しています。身体が大きい分、動きが緩慢で速い変化についていけないのです。ピラミッド型組織では対応しきれないからです。

かわって出てきたのが、フラットな文鎮型組織です。書道のとき、半紙を留める文鎮を思い出してください。持つところだけに丸い球状の物が付いていて、あとは横に一本の鉄です。リーダーが1人いて、あとは皆横一線という状態です。現場での情報はリーダーに素早く伝わり、意思決定も迅速になされます。

また、アメーバーのように決まった型がなく、案件ごとにプロジェクトが結成される組織も生まれています。もちろん、その仕事が終われば組織は解散し、次のタスクに向かってメンバーは再編成されます。

いずれにしても、リーダーと部下とのコミュニケーションの良し悪しが非常に重要になってきます。

④業績評価が当たり前になってきた

評価がシビアになっています。年功序列や終身雇用制は崩れ、能力主義や実力主義という言葉に代表されるように、「どれだけ結果を出せたか」で評価がなされます。成果を出せない者は去れ、というような風潮です。個人のストレスが多くなり、社内の雰囲気も悪くなることが容易に予想できます。また現実にそうなってしまっている企業も少なくありません。

このような組織環境では、高い目標に挑戦するチャレンジブルな人材が求められます。誰かにやらされているという受け身の姿勢ではなく、本人がやる気に満ちて、楽しく仕事をすることが重要になってきます。自らが楽しんで仕事をしていないと長くは続かないからです。以上のような環境下でコーチングが注目されているのです。

2 「コーチング」とは？

——自らが考え行動できる人材を育成していくための手法

コーチというと何を思い出しますか？　多くの方はスポーツ選手のコーチを思い出すのではないでしょうか。

コーチという言葉は、もともと〝馬車〟を指す言葉で「大切な人や物をその望む所まで送り届ける」という意味がありました。それが、転じて「相手がゴールまで行き着くことをサポートする人」という意味で使われ始めたのです。

したがってコーチとは、自発的行動を促す人、それを可能にするコミュニケーションスキル（技術）を持った人を指すのです。効果的なコミュニケーションを通じて、相手が質の高い目標に達するように手助けをするプロセスがコーチングです。

前述のように過去に経験のない変化が起こり、しかもその変化は不連続かつスピードが速い昨今、リーダーがすべての業務に精通し、意思決定を行うことは不可能です。それぞれが適切な判断を下しながら状況対応することが求められています。〝自らが考え行動できる人材〟が必要なのです。コーチングはズバリ、このような人材を育成していくための手法なのです。

コーチングがビジネスの世界で使われ始めたのは、意外と古く1950年代からです。

アメリカでは組織のトップもコーチングプログラムを受けている人が多いことが知られています。GEのトップだったジャック・ウェルチや、ハーレー・ダビットソンのリチャード・ティアリング、ゼネラル・モーターズのジャック・スミスといった人たちです。

また、フォーチュン500に載っている会社の管理職などは、早く出世階段を上るためにコーチを雇ったりしています。目的が「相手のやる気を引き出し自発的行動を高める」ということにありますから、日本でもリーダーの研修会やスーパーバイザーの研修会として導入している企業も数多くあります。

コーチングを受けるというと、自分の能力不足を補うような印象を受ける方も多いのではないでしょうか。しかし前述のように、トップマネジメントも受けるのがコーチングです。

彼らは非常に優秀なプロの経営者です。優秀だからこそ自分の陥りがちな傾向や弱点までも把握しているのです。自分の意思決定がどれほど多くの人々に影響を与えるかも知っているのです。そんなとき、今自分の下す意思決定が最良の手段なのか、自分自身に問いかけ再チェックするときにコーチを雇うのです。そして、その時々で出し得る、最良の意思決定をしているのです。

コーチは、意思決定はできません。できるのは、意思決定に必要な考え方の提案だけです。社外のコーチの場合、実務経験もありませんし、その意思決定の責任を取ることもできないのです。コーチの仕事は、相手が質の高い目標に達するように手助けをすることだけなのです。

この技術を習得して社内で展開しようという試みが、上司によるコーチングです。この場合、部下の意思決定の責任を上司と共有できるだけに、さらに強力な手法となります。

3 リーダーの話し方ひとつで相手の行動が決まる

――コーチング手法とは話し方と質問の仕方

さて、コーチング手法を使って具体的に部下とコミュニケーションを始めてみましょう。

コーチング手法とは話し方と質問の仕方です。今までのあなたの話し方を少しだけ変化させることによって、部下が自発的に物事を考え、そして動くようになります。

始めに、仕事の依頼をするときの話し方です。

あなたは、30分後の会議に間に合うよう至急コピーを取って、資料を作成しなければならないとしましょう。そこで部下に指示を出します。

「おい、コレを30部コピーとってホチキスで留めてくれ。会議に間に合うように急いで！　間違えるなよ！　わかったな？」

これでは、部下の「なんだよ、急に。仕方ないなぁ」という心の声が聞こえてきそうです。

同じことを伝えるにも、次の例だったらいかがでしょうか。

「悪い、急ぎなんだ！　コレを30部コピーとってホチキスで留めてくれ。会議に間に合わせなければならないんだ。無理言って悪いな。頼むよ」

「わかりました。急ぎます。何時までですか？」という部下の声が返って来そうです。

いかがですか。先の例に比べると、部下は快く引き受けてくれる可能性は高いはずです。

あなたは、会議に間に合うように資料を作成したい。これが意図・目的です。「ものは言いよう」と言いますが、言い方ひとつで、相手は自発的に、納得して動いてくれるわけです。言い方を少し変えるだけで、行動を促すことができます。

では次の場合はどうでしょうか？

部下の担当するA社に提案を持って行く必要があります。しかし、部下はそのことに気付いていない様子です。そこで部下に気付かせるために指示を出します。

「A社を訪問するときは、手ぶらで行かないで何か提案持って行けよ」

これで具体的な提案を持って行くことが可能でしょうか？

「A社を訪問するなら、何か提案した方がいいと思うんだけど、どんなアイデアがあるかな？」

この聞き方ならどうでしょう？　具体的に提案書が書けそうですね。もし、部下からアイデアが出なくても心配は要りません。自発的にこちらのアイデアを聞きに来るはずです。

どちらにしてもあなたの発言が、自発的な行動を促しているのです。

コーチングの〝言い方〟の代表は〝質問〟です。質問によって部下を考えさせ、自ら結論が出せるように援助するのです。部下自らが出した結論ですから、自然と行動へ駆り立てることができるのです。

4 コーチングの鉄則

――解決策を見つけ出す方法は、部下の中にある

すべての答えは相手の中にある。
コーチの役割はそれらを引き出し、目標達成への行動を促すこと。

◆解決策を見つけ出す方法は、部下の中にある

・指示命令するのではなく、相手の自発的行動を促すこと
・答えを与えるのではなく、相手に考えさせ答えを見つけ出させること
・相手の可能性や潜在能力を信じ、それらを最大限に引き出すためのサポートをすること

「なに？　すべての答えは相手の中にある？　どう考えたって私の部下には、そんな能力もなければ意欲もない」という声が聞こえてきそうですね。

もう一度、右記3項目の意味合いですが、たとえその場で問題解決ができなくても、解決策を見つけ出す方法は、部下の中にあるということです。たとえば、「業務改革が予定通りに進まない」なら、今すぐ業務改革に必要なアイデアは出てこないかも知れません。しかし、コーチングの結果「ベンチマークをするために他社から情報を取り出した」「業界の成功事例を調査し始めた」なら、これは立派な第一歩なのです。地道なプロセスなしには、最終目的を達することはできないのですから。そして、このような活動の中から、業務改革に必要な核心を学び達成していくことでしょう。

◆KEY（鍵）は「質問力」

質問はリーダーにとって強力な武器となります。人間は質問されると、それに答えなければならないという心理が働きます。そして、答えを導き出すために考え始めます。考えている間、答えを探している間、正解を導き出そうとしている間、意識は自分自身に向かいます。質問によっては部下の潜在能力を引っ張り出せるのです。そこでKEY（鍵）はリーダーの質問力です。闇雲に質問しても部下の頭は混乱するばかりです。質問にもいろいろ種類があるのです。

この質問する技術がコーチングスキルです。コーチングで適している質問について、ご紹介していきましょう。大きく分類すると3つの質問があります。

①拡大質問
②未来質問
③肯定質問

これらの質問には「対」となる質問が存在しています。

①拡大質問と特定質問
②未来質問と過去質問
③肯定質問と否定質問

この「対」となる質問と対比させながら考えていくとわかりやすいので、各々をご紹介しながら進めていきましょう。

5 拡大質問（←→特定質問）

——特定質問を使いながら、拡大質問を使っていく

まず、特定質問から始めましょう。

1つ目は、質問をされた人が、それほど考えずに答えることができる質問です。

【特定質問例】

・「君は兄弟（姉妹）はいるの？」

・「最初の配属はどこだった？」

2つ目は、正解が1つで、誰に質問をしても同じような答えが返ってくる場合です。

【特定質問例】

・「君の上海への出張はいつからだっけ？」

・「今日の会議は何時からだ？」

3つ目は、「はい」「いいえ」の一言で答えることができる質問も含みます。

【特定質問例】
・「君の元上司は○○さんだったよね？」
・「今日のミーティングには出席するのか？」

このように、特定質問の特徴は、考えなくてもすぐに答えられることです。質問が単純で既に答えが用意されていると言ってもいいでしょう。答えに窮することはまずあり得ません。

コーチングは考える力をつけることでもあります。誰もが深く考えずに、的確な意思決定ができれば、こんなに楽なことはありません。しかし、現実にはそうはいきませんよね。様々な要素が絡み合い、予測も難しい中での意思決定を迫られるわけです。

そこで、特定質問とは反対の〝拡大質問〟を使うことによって、脳のストレッチを行います。頭を柔軟にして様々なことを考えられる訓練をするのです。部下の可能性を引っ張り出すには、潜在意識（本人も気付いていないところ）にまで踏み込む必要があります。

【拡大質問例】

・「君の人生で最も大切にしていることは何だ?」
・「仕事で一番大事なことは何だろう?」
・「今回のプロジェクトで学んだことは?」
・「リーダーシップを発揮するとき、重要なことは何だと思う?」
・「この案件、社長だったらどう決定を下すと思う?」

誤解しないでいただきたいのは、特定質問を「使うな」と言っているのではありません。会話を円滑にするには特定質問も必要です。要所要所で特定質問を使いながら、主役である拡大質問を積極的に使っていきましょう、ということです。

脳のストレッチは拡大質問なしにはできないのですから、当然部下自身も気付いていない未知の可能性も引き出せません。その部下自身も気付いていない可能性を引き出すのがコーチング手法です。

6 未来質問（←→過去質問）

――過去質問よりも未来質問のほうが効果的

まず、過去質問から始めましょう。

簡単です。質問の中に過去形を使っていれば過去質問になります。

【過去質問例】

・「なぜ、君はやらなかったのか？」
・「これまで、どうやって対処してきたの？」
・「どうしてできなかったのか？」
・「誰がそう言ったんだ？」
・「過去に同じような凡例があったかね？」

一方、質問の中に未来形を使っていれば未来質問になります。

【未来質問例】

- 「そうすると、明日までに何をする必要があるんだろう?」
- 「結果はどうなるとベストなのか?」
- 「何をやれば、この問題はクリアできるのだろうか?」
- 「この件を片づけるには、誰かの援助は必要か?」
- 「君にこれからできることは何だろう?」

先程、質問することによって、部下に考えさせ可能性を引き出すと述べました。

そもそも「可能性」とはどこに存在しているのでしょうか? 可能性とは、未来に存在するものです。したがって、部下の意識を過ぎ去った過去に向かわせるのではなく、これからの未来に向かわせる必要があります。

「これまではどうだったのか?」と聞くより「これからどうしていこうか?」と問いかけたほうが、発展性があるわけです。過去を変えることはできませんが、未来はこれからいくらでも創っていくことが可能です。

過去質問が悪いというわけではありません。しかし、部下の可能性を引き出すということを考えると、過去質問よりも未来質問のほうが効果的だということです。

その理由のもう1つは、過去質問で引き出せるのは、すでに起こったことに限定されるからです。「あのとき失敗した。もしかしたら今度も失敗するかも」が典型的な例です。過去の記憶が部下の可能性を限定してしまっているのです。その結果、本来の能力を発揮できずに終わってしまう人も多いのです。

逆に「あのとき成功した。今回もきっとうまくいくだろう」と考える人もいます。まったく同じ状況ではないにせよ、過去の成功経験が現在と将来にポジティブな影響を与えることもあるのです。必要以上に過去の成功に固執したり、物事を甘く見たりしていない限りは、好影響を及ぼします。

過去質問もポジティブな成功体験を引き出せれば、コーチングに有効なトークとなります。

7 肯定質問（←→否定質問）

――否定質問よりも肯定質問を意識して使う

まず、否定質問から始めましょう。それは、質問の中に否定型である「～ない」という言葉を含んでいる質問のことです。

【否定質問例】
・「どうして売上が伸びないんだ？」
・「何がわからないんだ？」
・「どうしてうまくいかないのか？」
・「なぜリーダーシップが発揮できない？」

これらを肯定型に置き換えてみましょう。

【肯定質問例】
・「どうして売上が伸びないんだ？」

↓「どうしたら売上が伸びるんだろう?」
・「何がわからないんだ?」
↓「何がわかっているのか?」
・「どうしてうまくいかないのか?」
↓「どうしたらうまくいくのか?」
・「なぜリーダーシップが発揮できない?」
↓「リーダーシップを発揮できるには何が必要か?」

いかがでしょうか? 否定質問は暗い印象になりませんか? または追い詰められた感じがしませんか? 一方、肯定質問は、明るく開かれた印象をお持ちになるはずです。

これは、質問されたときに、人間の意識がどちらの方向へ向かうかに関係しています。部下は、間違いなく「売上が伸びない」よりは「伸びる」ほうがいいわけです。「わからない」よりも「わかっている」ほうが心地良い状態です。

つまり、部下は「売上が伸びる」「わかっている」状態を目指したいのに、質問されたことが反対の「売上が伸びない」「わからない」状態へ向いているため、意識がそこへ集中してしまうのです。

「努力逆転の法則」という法則があります。車の運転中障害物に激突しそうなとき、その障害物を見つめていると吸い寄せられるように、その障害物めがけて行ってしまうようなイメージです。したがって、衝突を避けるためには、一度障害物とは別の方向を見る必要があるのです。

また「煙草を止めよう」と思っていると、まず「煙草」のことを考えてしまいます。そして「煙草」を概念から払拭しようとしても、一度思い浮かべたものは、なかなか払拭できません。別なことを考えたり、別の行動をとったりすると、意外と「煙草」のことを忘れられます。

このように否定質問は、部下の望んでいる方向とは異なる方向に意識を向けさせてしまうので、結果的には必要な答えを導き出せないで終わってしまうことが多いのです。

否定質問よりも肯定質問を意識して使いましょう。

8 部下にはこう使おう（実際例として）

――拡大質問→未来質問→肯定質問

◆悪い例では特定質問が多くなる

それでは、実際部下に使った「悪い例」と「良い例」で感覚をつかんでみましょう。

【悪い例】

部下：「課長、例のプロジェクトの件ですが……」
上司：「ああ、あれね。あれはうまくいっているの？」
部下：「ええ、まあ順調なんですが……」
上司：「そう、それはよかった。で、話したいのは？」
部下：「ええ、そのう……」
上司：「なんだ、問題でもあるのか？」
部下：「いえっ、別に問題というほどのことでもないんですが……」
上司：「じゃあ、問題はないんだな？」

部下：「はぁ、それが取引先のA社の専務がどうも……」
上司：「A社の専務がどうかしたのか？」
部下：「はぁ、どうもこのプロジェクトに積極的じゃないように感じて……」
上司：「なんだって！　それは一体どういうことなんだ？」
部下：「ええ、それが私にもよくわからないんです」
上司：「なんでわからないんだ。A社は君の担当じゃないのか？」
部下：「それはそうなんですが……。先方もハッキリとは言わないので……」
上司：「A社は今回のプロジェクトでは重要な企業だぞ。どうしてもっと早く手を打たなかったんだ？」
部下：「はぁ、申し訳ありません」
上司：「話にならんな。私が直接A社の専務に事情を聞いてみるしかないな」

【良い例】
部下：「課長、例のプロジェクトの件ですが……」
上司：「ああ、あれね。あれがどうかしたのかね？」

部下：「ええ、うまく進行しているのですが、ちょっと気になることがありまして」
上司：「そうか。どういう部分が気になっているんだ？」
部下：「はい。取引先のA社の専務がどうも積極的じゃないように感じて……」
上司：「積極的でないというと？」
部下：「はぁ、なんというか、乗りが悪いというか……」
上司：「乗りが悪いのか。君としてはどうすればいいと思う？」
部下：「それがよくわからなくて……」
上司：「そうか、じゃあ、どうなるのが君としてはいいのかね？」
部下：「はい、それは専務が乗り気になってくれて、A社が積極的このプロジェクトに取り組めるようになることです」
上司：「そのために、まず君ができることは何だろうね？」
部下：「そうですねぇ……。専務がなぜ乗り気でないのか、先方の部長にそれとなく聞いてみることでしょうか」
上司：「そうだな。じゃあそこから始めてみるか」

【悪い例】と【良い例】を比べるといかがでしょうか?

悪い例では、特定質問が多いことに気付かれましたか?　「問題でもあるのか?」「君がA社の担当ではないのか?」などです。特定質問を多く使うと、質問とは言いながらも、詰問になる傾向があります。つまり、相手に考えさせずに、追い詰めてしまうわけです。結果、部下から出てくるのは言い訳的な回答です。これでは課題解決には至りません。

また後半では、否定質問や過去質問を使っています。「なんでわからないんだ?」「どうしてもっと早く手を打たなかったんだ?」という具合です。過去には戻れません。その過去について言われても、部下はどうしようもないのです。やはり、言い訳的な回答、もしくは謝罪しか引き出せはしないのです。

一方、良い例では、上司の質問は拡大質問になっていると同時に、未来質問にもなっています。「どうなると君としてはいいのかね?」「君にできることは何だろうね?」などです。これからできることに焦点を当てています。したがって、部下も前向きに考えることができます。しかも否定質問は一切使っていません。

悪い例では、最後に上司が専務に連絡することで決着していますが、部下としては

「失敗した」と思うと同時に、課題を解決することが自分にできず、歯がゆい思いをしているでしょう。

良い例では、自分が課題解決に向けて動けることに意欲を感じているはずです。しかも、自分で見つけ出した解決策の一歩ですから、納得してすぐに行動に移すのです。

◆よくやってしまいがちな詰問

ところで、特定質問を連続して行うと詰問調になります。しかも、相手が答えた内容について会話することなく、次の特定質問を行うと、どんどん相手は追いつめられていくことになります。

警察が使う尋問を思い浮かべるといいでしょう。「名前は?」「住所は?」「免許証は?」と質問され、私たちは答えるだけです。当然、これは部下との会話には不向きです。

その他に、「なぜ」で始まる質問も注意が必要です。私たちは子供の頃から「なぜ」という言葉の後に、否定的な言葉を多く聞いてきました。たとえば、「なぜ宿題をやらなかったの?」「なぜお母さんの言うことを聞けないの?」などです。したがって

「なぜ」と言われると条件反射的に身構え、〝言い訳〟を探してしまう傾向があります。このことを頭に入れておきましょう。

「なんで」「なぜ」を使うなら、言い方に注意を払うことです。部下が言い訳を考えずに、原因を発見できるように問いかけることです。声に抑揚をつけ、自分も考える姿勢を部下に見せることです。「なんでなんだろうなぁ？」「なぜなんだろう？」などです。

また、「なぜ」を「何が」に置き換えてもいいでしょう。「何が原因だと思う？」や「何が〇〇を引き起こしたのだろう？」などです。言い方に工夫をすれば詰問に聞こえないでしょう。

9 まず部下の意見を認め、提案する

◆1つの意見として認めてから判断・提案する

人間は承認欲求を持っています。自分の考えや自分自身を相手に認めてもらいたいという欲求です。これを満たされることによって、人は前向きに物事を考え行動することができます。

したがって、リーダーは部下の言葉や意見を積極的に承認することです。それが正しいとか間違っているということは関係ありません。1つの意見として認めるのです。そして、その後、リーダーとしてさらに良い意見があれば、提案すればいいのです。

意見を認めることと、その意見が正しいかどうかを判断することとは別問題です。ここを混同しないようにしましょう。

多くのリーダーは、部下の言葉や意見を認める前に、判断を下してしまいがちです。まずは認めることを忘れないように。

①承認……相手の考えを認める・受け入れる

②提案……押しつけや命令にならないように注意する

叱咤や脅し、詰問によって部下を動かす時代は終わりました。質問をして部下の思考を刺激し、新しい考えを引き出すことです。「変化の激しい時代に柔軟に対応できる部下を育成する」、これがリーダーの新たな役割なのです。

※本書は２００３年12月に明日香出版社より刊行された『「あの人の下で働きたい」と言わせるリーダシップ心理学』を文庫化に当たって改題・改編したものです。

＜著者紹介＞
菅谷新吾（すがや・しんご）
1956年生まれ。東京都出身。東海大学海洋学部卒。シーズ・コンサルティング株式会社代表取締役社長。米国NLP協会認定マスタープラクティショナー。堅い話を多彩な事例でわかりやすく話す研修会や講演会には定評がある。豊富な経験で自動車関連業界を始め、システム開発・住宅・外食産業とクライアントは幅広く、顧客からの信頼は厚い。
シーズ・コンサルティング株式会社　http://www.seeds-cn.com

SB文庫

なぜか部下《ぶか》が納得《なっとく》する！　リーダーのためのNLP《エヌエルピー》心理学《しんりがく》

2006年 3月27日　初版第1刷発行

著者　菅谷新吾《すがやしんご》

発行者　新田光敏
発行所　ソフトバンク クリエイティブ株式会社
〒107-0052　東京都港区赤坂4-13-13
営業　03（5549）1201
編集　03（5549）1166
印刷・製本　図書印刷株式会社

カバーデザイン　渡邊民人（TYPEFACE）
組版　AFP
本文イラスト　My-co

　ISBN4-7973-3474-6

SB文庫 好評既刊

なぜかお客様が納得する！

必ず買わせる営業心理学

菅谷新吾＋宮崎聡子

デキる
営業マンの技術が
NLP心理学で
“まるっ”とわかる!

定価683円（税込）

ISBN4-7973-3475-4